AF450919

NETWORKING

FRANCISCO SAMBLÁS GARCÍA

MILAGROS GOYTE

www.networking.guiaburros.es

Si después de leer este libro, lo ha considerado como útil e interesante, le agradeceríamos que hiciera sobre él una **reseña honesta en cualquier plataforma de opinión** y nos enviara un e-mail a **opiniones@guiaburros.es** para poder, desde la editorial, enviarle **como regalo otro libro de nuestra colección.**

Agradecimientos

Dedicado a Ramón, Marta y Ramón José.

A Gil y a Vivían.

Usted tiene entre sus manos este libro gracias a Roberto Rodríguez, ejemplo de persona generosa, productiva y gran networker, que nos animó y apoyó a realizarlo. A Borja, a Sebastián y a todo el equipo por su amabilidad y apoyo.

También queremos agradecer a todas las personas que nos han aportado datos, ideas, experiencias, soporte y críticas al material que íbamos elaborando: Pablo Ferro, Francisco González Díaz y Keka, David Castedo, Leticia Moralejo y Lorena López Castillejo, Alejandro Terol, Yolanda Hernández, Elena Alejandre, Esther Gómez, Jorge León, Berta y Jorge, Juanma, Pedro González, Marcos Santos, Víctor Salamanca, Luis Miguel Simarro, Ángel Martínez de Olcoz, Germán Burriel, José Moldes, Manuel Moldes, Carlos García Huedo, Javier Caballero, Andrés Maeso, Juan Carlos Bocos, Eva Sastre, Nuria Caballero, Javier Martínez, Nacho Colomer, José Carlos Campos, a todos los miembros y exmiembros de la Asociación ON.

A mis mentores de D'Arte, Enrique Jurado, Celia de Austria, Gon Campos, Zara Beltrán, Marian Frías, Raúl Miranda y Liz Riaza.

A nuestros amigos coaches, *Ana Pacheco, Blanca Gordo Pérez, Mar Tárraga, Marian, Alberto Delgado, Esther Martínez, José Millan, Mariela, Miguel Ángel, Bea, David, Víctor, Javier, Sebastián, Rita, Natali, Angélica, Leticia, Ruben, Sandra, Saray, Yenn, Luciana, Mamen Camacho Gil y Rocío.*

A las personas que nos han apoyado o ayudado a crecer: Lourdes Lázaro, Olga, David de Teresa, Renata López, Fernando de Diego, José Manuel Hernando, Alberto Gil y Ascensión Cuevas, Isabel Anthony, Rafael Varo, Javier Iglesias, Niurka Iglesias, José María López Perea, José Antonio Grandío, Lola Blanco, Alfonso García Sintas, Lola de Jaime, Natividad Navarro, Juan Antonio Barrio, Pedro Marcos, Silvia Remón, Felipe Rivero, Ramón Padró, Erika Sánchez, Icíar Jiménez y Maite Marín, Alberto Carretero, Paloma Martín, Angel Javier Medina, Eugenio Cejudo, Ignacio Lavallen, José Ramón Ortiz, Rosa Velasco, Toni Soldevila, Severino Barreiro, Manuel Martín, Juan Guerrero, Marien Carrillo, Ismael Arias, Antonio Méndez, Fran y Gema, Eva Lloret, Fátima, Andrés, Roberto, Nuria, Zoila Diaz, Dionisio Lorenzo, Luis Barrios, Lisardo Suarez Esporas, Antonio San Martín, Jesús Fernández, Cesar Vidal, Javier Martínez, Silvia Zorrilla, Miguel Ángel Valero Duboy, Juan Pérez Ángulo, Iván Ramos Martínez, Carlos Sánchez Abella, Daniel Boquete, Alberto de Vigo, Felix Valdivieso López, Rosi Pardo, Alicia Araque, Mónica Carrillo, Rafael Alvero, Victor Zapata, Javier Fernández, Albert Salvadó, Tica Adell, Alfons Barrufet, Juan Carlos Segura y Juan Carlos González.

Sobre los autores

 **Milagros Goyte**, Gerente de *Alim Consultoría*, empresa con el propósito de contribuir en la transformación de organizaciones e instituciones ofreciendo servicios de Mentoring, Formación y Desarrollo de Negocio en ambos lados del Atlántico.

Durante más de 20 años ejerció puestos de Dirección Médica en diversas consultoras especialistas en Seguridad y Salud.

Es Licenciada en Medicina, Máster en Medicina Estética, Prevención de Riesgos Laborales y Experta en Seguridad y Salud Laboral.

 **Francisco Samblás**, actualmente es Director Comercial en *Alim Consultoría*.

Ha ejercido diversos puestos de Alta Dirección y coordinado cientos de proyectos abarcando sectores como Consultoría, Química, Farmacia, Medio Ambiente, Retail, Administraciones Públicas, Alimentación, Estética, Ingeniería y Ocio.

Mentor, Formador y Coach, Experto en Inteligencia Comercial, Formación, Seguridad y Salud, y Habilidades de Crecimiento Personal. MBA por IDE CESEM y Químico Industrial por la Universidad Complutense.

Índice

Prólogo

El libro que tienes entre las manos, *Networking,* tiene la pretensión de ser una guía de iniciación al mismo. El *networking* es una filosofía de vida, dar valor primero y poner en el centro a las demás personas. Te queremos proponer un viaje en el que conectes con tu interior para que finalmente conquistes el exterior. En esta guía vas a encontrar un montón de ideas y soluciones que hoy aplican diariamente las personas que han participado en nuestros procesos de transformación.

La experiencia nos dice que los días buenos todo suele fluir, pero los días malos hay que "tirar" de técnica. Este libro pretende ser una herramienta para que todos los días sean mejores.

Por último, nos gustaría añadir que si pones el corazón en las técnicas que te vamos a mostrar, serás imparable en el propósito que quieras alcanzar.

Para nosotros no hay mayor recompensa que ver a la gente usar y aplicar nuestra obra, de modo que estamos ansiosos por empezar.

¿Qué es y qué no es *networking*?

Hay muchas definiciones de **networking.** Podríamos decir que cada experto tiene la suya. Después de hacer *networking* durante más de veinticinco años, de leer y formarnos con expertos, te compartimos la definición de *networking* que entendemos que es más completa:

"La habilidad de gestionar, generar y expandir tu red de contactos, construyendo de forma proactiva y enfocada relaciones seguras y confiables que puedan implicar beneficios".

Las personas que practican *networking* se denominan *networkers*.

Vamos a desbrozarte la definición de *networking*. De esta forma te va a quedar claro qué es *networking* y qué no lo es.

Es una habilidad

Una de las preguntas recurrentes en los talleres que impartimos de *networking* es:

¿Un *networker* nace o se hace?

Siempre solemos responder inicialmente que no conocemos ningún *networker* que no haya nacido...

El *networking* es una habilidad y se puede aprender. Por supuesto, hay personas que tienen ciertas cualidades desde la cuna que les facilitan crear redes de forma sencilla. Nuestra experiencia es que si pones empeño y lógica puedes aprender de forma sencilla a hacer *networking*. En este libro vamos a compartirte un montón de técnicas para que te sea muy sencillo.

Gestionar, generar y expandir redes de contactos

Nuestras redes de contactos son las personas que conocemos o hemos conocido a lo largo de nuestra vida.

El orden para hacer un buen *networking* comienza por gestionar tus redes de contactos. El primer paso es ser consciente de tus redes de contactos. Todas las personas tenemos muchos más contactos de los que inicialmente podemos pensar. Una buena gestión de nuestras relaciones implica que las cuidemos y las preservemos.

A su vez, trabajaremos cómo generar conscientemente nuestras redes e ir expandiéndolas.

Construyendo de forma proactiva y enfoque

Uno de los experimentos más famosos de Jean Henri Fabre, entomólogo francés, fue el que organizó con orugas procesionarias.

Las orugas procesionarias suelen desplazarse siguiéndose una a otra, a manera de procesión.

Fabré logró ubicar a unas orugas en forma de círculo alrededor de hojas de pino, que es la comida habitual de estos gusanos. Las orugas continuaron marchando y dando vueltas en un círculo, sin prestar atención a la presencia de comida, hasta que cayeron literalmente muertas de hambre y cansancio.

Muchas personas piensan que hacer *networking* es también dejarse llevar por la inercia de la vida y acudir a un montón de eventos que no tienen nada que ver con los propósitos que tienen. Realmente no hacen *networking*, en el mejor de los casos, simplemente se dedican a generar movimiento sin dirección alguna. Y — ¿sabes? — si no sabes hacia donde vas, ya llegaste.

En primer lugar, es imprescindible saber qué queremos, cuáles son nuestros objetivos. A partir de ese punto podremos trabajar conscientemente nuestras redes, proactivamente y en la dirección y sentido adecuadas. Después podremos ver cómo y qué tiempo dedicar.

Relaciones seguras y confiables que puedan implicar beneficios

La otra clave es conseguir relacionarte en un marco de seguridad y confianza en el que siempre prime la intención de ganar-ganar.

Por todo ello, en nuestra experiencia, la principal clave para tener éxito haciendo *networking* es:

"Dar valor primero y poner en el centro a las personas"

No practicamos *networking* cuando nuestro objetivo es solo beneficiarnos y como mucho ofrecemos promesas de valor.

Muchas personas quieren empezar a hacer *networking* cuando sufren alguna adversidad, por ejemplo, perder un trabajo. ¿Qué te parecería si solamente llamaras a tus contactos cuando necesitaras algo de ellos? Es muy importante mantener tu red contactando de forma regular y desinteresada. La clave para hacer *networking* es que interiorices: dar siempre valor y poner en el centro a las personas.

Un padre quería enseñar a su hija el valor de dar primero y poner en el centro a las personas, desde una edad muy temprana. En el quinto cumpleaños de la niña, el tío le había regalado treinta globos de colores llenos de helio. El padre le sugirió a la niña una forma de dar uso a los globos que haría que lo pasaran genial: dar algunos a otra personas. Al principio la idea no le pareció nada bien a la niña. El padre insistió y le aseguró que iban a tener una experiencia estupenda. La niña terminó aceptando con bastantes dudas al respecto.

Fueron a un asilo de ancianos. La niña entró en el salón llevando los hilos de los globos y empezó a repartir un globo a cada persona. Todos comenzaron a hablar con entusiasmo y a reír. Algunos ancianos lloraban llenos de emoción. Muchos de ellos le comentaban a la niña lo genial que había sido que se acordara de ellos. Todos querían besar y abrazar a la niña. Martita disfrutó tanto aquel momento, que a la vuelta a casa le preguntó a su padre cuándo podrían repetir. La niña recordó aquella lección para siempre, dar valor primero y poner en el centro a las personas.

Networking en la historia. Necesidades humanas

*Mucha gente pequeña, en lugares pequeños,
haciendo cosas pequeñas pueden cambiar el mundo.*

Eduardo Galeano

Desde los inicios de la humanidad, los seres humanos nos hemos agrupado para sobrevivir y satisfacer nuestras necesidades. El desarrollo del ser humano ha sido posible debido al esfuerzo colectivo, consciente o inconscientemente.

Los seres humanos somos seres sociales. Deseamos pertenecer y ser importantes a uno o a varios grupos. Es más, uno de los miedos habituales de las personas es que no nos acepten.

Aunque desde el comienzo de la humanidad cada persona ha formado parte de una o de varias redes, la palabra *networking* se empezó a utilizar en el año 1947, con el sentido de interconectar grupos de personas, según el historiador Douglas Harper, fundador del *Online Etymology Dictionary*.

Unos años antes, en 1929, Frigyes Karinthy propone en su publicación *Chains* el origen de lo que fue la teoría de los seis grados de separación.

La teoría de los seis grados de separación nos indica que todos estamos interconectados. El planteamiento de la teoría de los seis grados de separación plantea que cualquier persona puede estar interconectada con otra de cualquier parte del mundo a través de una cadena de contactos que no excede las seis personas, existiendo solamente cinco puntos de unión entre ambos.

En 1967, el psicólogo Stanley Milgram, realizó una serie de experimentos con el fin de averiguar cuántos nexos de unión eran necesarios.

En uno de ellos, Milgram proporcionó a diferentes personas al azar una serie de cartas para que las hicieran llegar a una persona desconocida situada en Massachusetts, únicamente a través de sus conocidos. Si bien muchas de las cartas nunca llegaron, entre otras cosas porque muchos participantes no las pasaron o sus contactos no siguieron intentándolo, en los casos en que sí lo hicieron se contabilizó un promedio de seis pasos.

Posiblemente, los experimentos de Milgram podrían ser poco representativos. En años posteriores se han realizado otras investigaciones, que muestran que el número de saltos necesarios está alrededor de seis.

La teoría de los seis grados no significa que cualquier persona esté vinculada con otra mediante seis puntos de unión. Realmente quiere decir que un número bastante pequeño de personas está conectado con el resto en unos pocos grados, y que los demás estamos conectados con el resto del planeta a través de ellas. El escritor Malcolm Gladwell denominó a estas personas "conectores".

En la actualidad, desde aparición de Internet y de las redes sociales, se puede establecer contacto más fácilmente entre personas muy alejadas y diferentes entre sí. Los últimos datos datos obtenidos demuestran que la teoría de los seis grados de separación puede haber evolucionado con los tiempos, pudiendo ser la distancia mucho menor en la actualidad. Por ejemplo, un estudio de la Universitá degli Studi di Milano y diversos investigadores de Cornell de 2011 reflejan que la distancia entre dos personas en Facebook es de 3,74 personas.

Aun así, debemos tener en cuenta que pueden existir muchas variables que pueden influir en el número de saltos, porque no es lo mismo entrar en contacto con alguien de tu misma ciudad que de otro país.

Un dato muy interesante en lo que a redes se refiere es el aportado por el antropólogo Robin Dunbar. En 1992 dio respuesta a una de las preguntas más buscadas: ¿cuál es el límite de relaciones sociales estables que un ser humano puede mantener?

Su respuesta fue 150. Además, podría indicar el límite de personas que pueden llegar a formar un grupo estable.

Durante su investigación de los grupos a lo largo de la historia y las distintas culturas, encontró que 150 habitantes era el promedio de habitantes de un poblado neolítico, y que 150 hombres era la cantidad de soldados encontrados en una unidad promedio en los ejércitos de la antigua Roma, hasta el siglo XVI. Más significativo aún es que si la unidad básica era más grande, solía dividirse en grupos más pequeños, de alrededor de 150 hombres.

Dunbar prosiguió su estudio enteramente a partir del número 150 como la cantidad máxima promedio que formaba el número de relaciones sociales estables que un ser humano podía mantener. Además, llegó a la conclusión de que 150 estaba también directamente relacionado al tamaño del neocórtex.

El número de Dunbar ha tenido aplicación en otras disciplinas, como por ejemplo, liderazgo, marketing, ventas, etc.

Volviendo al *networking* en la historia, solo añadir que durante las últimas décadas del siglo XX, la idea de *networking* ha sido vinculada como un instrumento facilitador del éxito profesional. Actualmente, su significado abarca, además del terreno profesional, también el personal.

En 2002 comenzaron a aparecer sitios *web* promocionando las redes de círculos de amigos en línea, cuando el término se empleaba para describir las relaciones en las comunidades virtuales, y se hizo popular en 2003 con la llegada de sitios tales como MySpace o Xing. Algo después fueron apareciendo nuevas comunidades en Internet: Facebook, Instagram, Twitter, Linkedin, YouTube o Spotify. Actualmente vivimos en un planeta conectado de forma global a través de las redes.

Al inicio de esta sección te comentábamos que desde los inicios de la humanidad, los seres humanos nos hemos agrupado para sobrevivir y satisfacer nuestras necesidades. A continuación te vamos a detallar cuáles son las necesidades humanas.

Necesidades humanas

Una mañana llegó a la ciudad un comerciante y allí se encontró con un pordiosero que estaba famélico. El comerciante sintió pena y le dio dos monedas.

Una hora después, las dos personas se volvieron a encontrar. El comerciante preguntó: "¿Qué hiciste con las monedas?". El otro hombre respondió: "Con una de ellas compré pan, para así tener de qué vivir, y con la otra me he comprado una rosa, para tener por qué vivir".

Aunque todos los seres humanos somos especiales y diferentes, todos las personas tenemos las mismas necesidades.

Afrontar a tus contactos conociendo las necesidades que tienen, puede garantizarte éxito en todas tus interacciones. Solo has de recordar el mandamiento del *networking*: *Da valor primero y poner en el centro a las personas.*

Los mejores *networkers* a lo largo de la historia de la humanidad son aquellos que saben cómo abordar las relaciones con las demás personas, colaborando en que puedan satisfacer sus necesidades.

Y, ¿cuáles son esas necesidades?

Según Anthony Robbins, una de las mayores autoridades en el mundo del *coaching*, todas las personas tenemos seis clases de necesidades fundamentales. Además, es importante que conozcas que todas las personas nos enfocamos en satisfacerlas. Esas necesidades podemos cubrirlas de formas positivas y de formas negativas.

Las seis clases de necesidades son las siguientes:

1. Importancia

Una pregunta primordial en la mente de todo ser humano es: ¿soy lo suficientemente bueno? De forma constante, solemos estar buscando aprobación de nuestra familia, de nuestros compañeros de trabajo... Todos queremos ser importantes.

Y, ¿cómo satisfacemos nuestra necesidad de importancia?

De forma positiva: logrando objetivos ambiciosos, perteneciendo a un grupo, resolviendo desafíos que nos hagan sentir importantes, dando ejemplo de disciplina y esfuerzo a los demás...

De forma negativa: hundiendo a nuestros compañeros de trabajo para resaltar, aprovechándonos del trabajo de los demás, el amigo que domina las conversaciones y muestra que sus experiencias son las mejores...

2. Seguridad

Nuestra segunda necesidad es tener seguridad, saber lo que va a pasar en nuestra vida. Es una necesidad muy relacionada con la supervivencia.

Y, ¿cómo satisfacemos nuestra necesidad de seguridad?

De forma positiva: teniendo un plan B, trabajando duro, ahorrando dinero, teniendo un trabajo seguro, teniendo rutinas, anticipando problemas o queriendo tener todo bajo control.

De forma negativa: manipular emocionalmente a nuestra pareja por celos o ira, no delegar responsabilidades por temor, mantenerse en una relación tóxica por miedo a la soledad.

Un exceso de seguridad puede causar aburrimiento y llevarnos a una vida sin pasión, donde estamos continuamente en nuestra zona cómoda y no asumimos riesgos para crecer. Según Robbins, la calidad de nuestra vida depende de la incertidumbre que podamos tolerar.

Para compensar esta necesidad existe la segunda necesidad: la necesidad de variedad.

3. Variedad

Son los retos, las novedades, sorpresas o cambios. Existe algo mágico en el hecho de no conocer lo que va a pasar. Por ello, todos necesitamos la necesidad de variedad.

Las necesidades de seguridad y variedad nos crean un dilema porque necesitamos las dos, pero estas dos necesidades son opuestas entre sí: más variedad implica menos seguridad y viceversa. Cada persona prefiere una combinación diferente, que además puede variar a lo largo de nuestra vida. Todo ello influye en gran manera en las decisiones que vamos tomando durante la vida.

Y, ¿cómo satisfacemos nuestra necesidad de variedad?

De forma positiva: viajando para conocer nuevas culturas, viviendo nuevas experiencias, sorprendiendo a tu pareja, preparándote y lanzándote a buscar nuevas opciones cuando no eres feliz en tu trabajo, etc.

De forma negativa: saltando de trabajo en trabajo cuando las cosas se ponen un poco difíciles, probando adicciones tóxicas, la persona que se torna violenta rápidamente sin importar las consecuencias, arriesgar la vida irresponsablemente por buscar experiencias extremas, etc.

4. Conexión

La cuarta necesidad es la necesidad de conectar. Necesitamos el sentimiento de pertenencia y de compartir afinidades.

¿Cómo satisfacemos nuestra necesidad de conexión?

De forma positiva: un grupo de amigos que se reúnen para comer o jugar al mus, el hijo que llama a su madre para compartirle su día, la familia que se reúne cada cierto tiempo para disfrutar unos de otros...

De forma negativa: estar contando tus problemas infinitos de forma continua, buscando conexión a través de montar conflictos con otras personas o manteniendo una relación infeliz por evitar sentirte solo.

Estas cuatro necesidades son las denominadas básicas. Todas las personas necesitan satisfacer en cierto grado estas cuatro necesidades. Las próximas dos necesidades son necesidades de más alto orden: crecimiento y contribución. Las necesitamos si queremos sentirnos completamente felices.

5. Crecimiento

Todo lo que no crece, decrece, y tarde o temprano muere. Es el proceso natural de la vida. Es esencial que nos sintamos en movimiento, por ejemplo, con nuevos conocimientos.

¿Cómo satisfacemos nuestra necesidad de crecimiento?

Por ejemplo, a través de la lectura. ¿Dónde estarás dentro de cien libros? Conociendo nuevas personas que nos hagan crecer, con la ayuda de un mentor, un *coach*, poniéndonos objetivos ambiciosos o estudiando nuevas materias que nos enriquezcan.

6. Contribución

La última necesidad es la necesidad de contribuir más allá de nosotros mismos. Esta necesidad surge cuando hemos cubiertos nuestras necesidades más básicas. Implica dar y servir a los demás. La contribución nos permite satisfacer todas las necesidades anteriores. Hace que nos sintamos importantes. Nos da seguridad porque podemos dar algo a los demás, asegura variedad e incluye relación con los demás. Por último, conlleva crecimiento porque ayudar a los demás es la mejor manera de crecer.

¿Cómo satisfacemos nuestra necesidad de contribución?

A través de un trabajo donde sienta que pueda contribuir, ayudando a una ONG, dedicando tiempo a las otras personas, escribiendo libros que puedan aportar a los demás o ayudando económicamente a personas necesitadas.

Estas son las necesidades humanas, que son comunes a todos. Según Tony Robbins, si una situación en tu vida satisface tres o más necesidades, podríamos volvernos adictos a ella, sin importar que sea constructiva o destructiva.

Si alguien te hace sentir importante, te hace sentir que puedes confiar y estar seguro en todo lo que le atañe, conecta contigo porque te escucha y hace que te sientas escuchado y vuestros encuentros significan diversión, ¿acaso no querrías estar en contacto con esa persona a menudo?

¿Para qué me puede valer hacer *networking*?

Olvídate del MBA. Aprende a construir redes.

Jack Welch

¿Cuáles piensas que son los beneficios de hacer *networking*? Me gustaría devolverte la pregunta: ¿en qué aspectos te gustaría mejorar tu vida?

¿Te gustaría mejorar tu vida personal?

¿Te gustaría resolver de forma más fácil aspectos de tu vida personal?

¿Te gustaría mejorar tu vida profesional?

¿Te gustaría mejorar tus ingresos?

¿Te gustaría disfrutar más de la vida?

¿Te gustaría poder ayudar a más personas?

El *networking* puede ayudarte en todas estas cuestiones y en más.

- Te ayudará a conseguir tu propósito.
- Aprenderás a relacionarte cada vez mejor con los demás, a reforzar tu capacidad de interactuar.
- Conocerás a personas muy interesantes, tanto personal como profesionalmente.
- Podrás conectar y ayudar a muchas personas.
- Podrás acelerar trámites en múltiples cuestiones.

- Mejorará tu carrera profesional, tanto si trabajas por cuenta ajena como si trabajas por cuanta propia.
- Podrás conseguir apoyos e influencia en la toma de decisiones importantes de organizaciones.
- Encontrarás nuevas oportunidades personales y profesionales.
- Ampliarás tu potencial.

Clases de *networking*

Todos deberían construir su red antes de necesitarla.

Dave Delaney

Podemos distinguir tres tipos de *networking*:

Networking **personal:**

Esta clase de *networking* consiste en trabajar una red de contactos de carácter personal, fuera del ámbito profesional. Su principal finalidad es crear relaciones sociales de mayor o menor influencia.

Networking **operacional:**

Es el realizado en tu sector o en tu empresa. Nos ayuda a conseguir más eficientemente nuestros fines en nuestra organización empresarial.

Networking **estratégico:**

Abarca las dos clases de *networking* anteriores. Los contactos de las redes estratégicas suelen proceder de nuestras redes operacionales y personales. La orientación de este tipo de *networking* es trabajar conexiones notables para conseguir nuestros objetivos a corto y a largo plazo.

¿Cómo puedo empezar a hacer *networking*?

Un hombre vagaba perdido por el desierto. Estaba muerto de sed. Afortunadamente, encontró una cabaña vieja donde encontró sombra.

Una vez situado a la sombra tumbado, observó a su alrededor y vio una bomba de agua, totalmente oxidada. Se levantó de súbito y comenzó a activar la bomba, pero nada sucedía.

Unos segundos después se percató de la existencia de una botella vieja. La miró. Le quitó el polvo que la cubría y pudo leer: "Usted necesita primero preparar la bomba con toda el agua que contiene la botella. Una vez que acabe, por favor, vuelva a llenar de nuevo la botella antes de irse".

La botella estaba llena de agua. En ese momento se vio en la siguiente disyuntiva: beber el agua de la botella para sobrevivir o verter el agua en la bomba para, a lo mejor, obtener toda el agua que quisiese, y seguramente fresquita.

Su diálogo interior repetía: "¿Y si la bomba no funcionaba? ¿Y si bebía el agua de la botella? ¿Y si las instrucciones no eran verdaderas?"

Después de dudar durante un rato pensó en cómo era él, en su vida, en cómo le gustaba ser y comportarse. Finalmente, decidió echar toda el agua en la bomba y activarla. Al principio no sucedió nada. Poco a poco surgió un hilo de agua y, finalmente, empezó a correr abundantemente. Llenó la botella y luego comenzó a beber. Finalmente, llenó la botella y terminó añadiendo otra frase: "Créeme que funciona; tienes que dar antes toda el agua para poder obtenerla nuevamente".

Para empezar a hacer *networking* siempre sugiero que antes de ponerte en acción realices unos ejercicios para conocerte. Para que le des un porqué, para que lo hagas siguiendo tus valores. Después te invito a que realices el ejercicio de averiguar tus cualidades, aquello que puedes ofrecer. Finalmente, te propongo indagar sobre cuál es tu estilo social predominante que influye, entre otras cuestiones, en cómo te comunicas con las demás personas.

Después de todo ello, estarás preparado para empezar a conocer un poco mejor a otras personas.

En el proceso de aprender a hacer *networking*, te sugerimos 3 pasos:

Conocerte para conocer a los demás

Puedes hacer *networking* en cualquier momento. Podrías pasar a la sección *Empezar a hacer networking* en cualquier momento. Nuestra experiencia nos dice que comiences por *Conocerte para conocer a los demás*. Te vamos a ir sugiriendo unos ejercicios muy potentes que te van a servir para conocerte mejor o, depende del caso, empezar a conocerte. Vamos a abordar cuestiones como el propósito que mueve tu vida, conocer tus valores o tener consciencia de las cualidades que tienes, de forma que cuando hagas *networking* lo hagas con un propósito, apliques tus valores y aportes lo mejor de ti a los demás.

Empezar a hacer *networking*

Aprenderás a gestionar tus redes de contactos, a ser consciente de los contactos que tienes y a expandir tus redes aprendiendo a conectar con las personas.

Preservar tus redes de contactos

Una red de contactos está viva y hay que mantenerla alimentada. En esta sección abordaremos los pilares fundamentales para conservar nuestros vínculos con las demás personas y conoceremos *tips* para cultivar nuestra red cada día.

Conocerte para conocer a los demás

Christopher Wren, el arquitecto de la construcción de la catedral de Londres, se dio un paseo de incógnito por la cantera para ver cómo trabajaban los picapedreros.

Observó con curiosidad a tres trabajadores. Uno trabajaba muy mal, otro lo hacía de forma correcta y el último lo hacía con una fuerza y una dedicación muy superior a los dos anteriores.

Decidió acercarse y hacerles a los tres la siguientes pregunta:

—Buenas tardes, señor. ¿A qué se dedica usted?

Las respuestas de cada uno de los tres picapedreros fueron las siguientes:

El primero respondió:

—Yo me dedico a trabajar de sol a sol, horas y horas, meses y meses. Nunca veo la hora de acabar.

La respuesta del segundo fue:

—Me dedico a un trabajo con el que gano dinero para mantener a mi mujer y a mis hijos.

Finalmente, el último contestó:

—Formo parte del equipo que está construyendo una fantástica y gran catedral, la catedral de Londres.

En realidad, el *networking* es un vehículo fenomenal para conseguir nuestro propósito.

Me gustaría que te hicieras las siguientes cuestiones:

¿Sabes hacia dónde quieres dirigir tu vida o te vas moviendo en función de los acontecimientos? ¿Cómo te gustaría que te recordaran?

¿Qué te gustaría haber logrado?

¿Por qué haces lo que haces?

Conocer tu propósito te va a ayudar a dar dirección y sentido a tu vida, personal y profesional. La gran mayoría de las personas no suelen preguntarse por su propósito en la vida. Es más, según diversos estudios, aproximadamente más de un 80 % de las personas no estamos felices en el trabajo. ¿Has pensado alguna vez si tu propósito coincide con el propósito de la empresa en la que trabajas?

Beneficios de tener un propósito en la vida:

Actuar con coherencia

Nuestras valores, acciones y relaciones estarán en concordancia con tu propósito.

Te da vitalidad y energía

David Schwartz, autor de La magia de pensar en grande *realizó el siguiente experimento. Temprano por la mañana, en distintas paradas de autobús, realizaba la siguiente encuesta a las personas que allí se encontraban:*

"¿Por qué razón se ha levantado usted esta mañana?".

La mayoría respondieron: "Porque tengo que ir a trabajar...".

"Y... ¿por qué tiene que ir a trabajar?".

En este caso, la respuesta fue: "Porque tengo que comer".

"¿Y para qué tiene que comer?"

"Para poder vivir", fue lo que respondieron los encuestados.

"Y usted... ¿por qué quiere vivir?"

En este caso, más del 95 % de las personas respondían:

"Para poder levantarme mañana e ir a trabajar".

Tener claro tu propósito y vivir acorde a él te da energía, fuerza, vitalidad y entusiasmo para encarar cada día, para motivarte y ayudarte a perseverar.

Conectarás más
fácilmente con las demás personas

¿A quién prefieres seguir, a alguien que tiene claro hacia dónde se dirige o alguien que no tiene ni idea?

Nos gusta seguir a todas aquellas personas que persiguen su pasión. Al tener más seguridad sobre el camino que queremos seguir, transmitimos una total confianza en nosotros mismos y todo lo demás pasa a un plano secundario. Al no estar necesitados y desesperados por la aprobación del resto de personas, nuestro atractivo aumenta.

¿Y cómo encontrar nuestro propósito?

Realizar la línea de tu vida

El primer paso que te propongo es que realices un recorrido por toda tu vida. El ejercicio de la línea de la vida es un ejercicio de indagación hacia tu pasado. Te ayuda a encontrar conexiones entre los diferentes puntos de tu historia y te ofrece la posibilidad de observar todas tus historias.

Para realizar el ejercicio es preciso estar en un lugar tranquilo y evitar interrupciones. El material que requiere son dos folios DIN A4 y un lápiz para ir escribiendo, además de una goma por si necesitas borrar.

Paso 1. En uno de los folios, escribe 30 momentos importantes y significativos de tu vida, tanto positivos como negativos. A medida que vayas recordando, anótalos a la vez que los visualizas, y los puntúas entre -10 (bajón total) y +10 (momento sublime), haciendo una referencia al acontecimiento y la edad aproximada que tenías en ese momento. Seguidamente refleja la emoción o el sentimiento concreto del momento.

Por ejemplo:

- Ascenso a director comercial 29 años +9. Me sentí completamente válido.
- Cambio de empresa 33 años +8. Fue reconocerme a todos los niveles.
- Cumpleaños. Toda la familia reunida. 9 años +10. Sentirme con todos me erizó la piel.
- Viaje a Kenia 35 años +7. Sentí que me cambiaba la vida.

Paso 2. Sitúa los 30 eventos en otro folio. Coloca el segundo papel apaisado y traza una línea horizontal que divida el folio en dos mitades iguales. La parte superior va a recoger todos los momentos positivos de tu vida y la parte inferior los momentos negativos. En la línea horizontal representamos los años, hasta nuestra edad actual, tal y como se observa en la figura, y en la linea vertical las puntuaciones correspondientes a cada evento, desde -10 a +10 pasando por cero. En la imagen 1 puedes ver un ejemplo que puede ayudarte a completar esta parte del ejercicio:

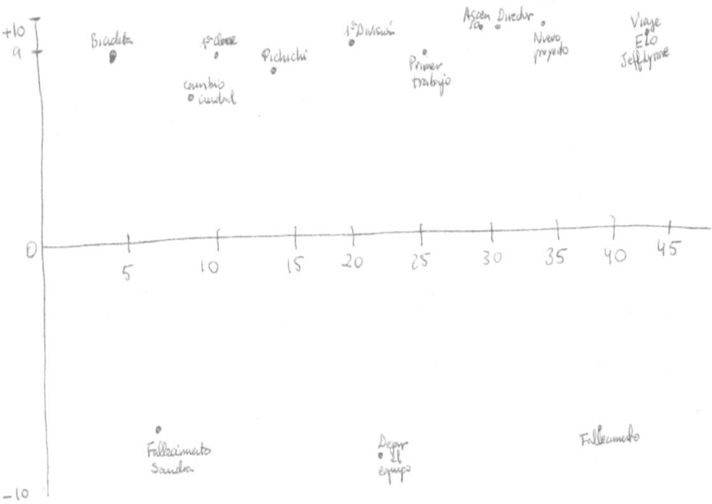

Imagen 1

Identifica patrones en tu línea de vida

Paso 1. Realiza una visión general del gráfico. Te sugiero que te realices las siguientes cuestiones:

¿Hay más aspectos positivos qué negativos?

¿Hay alguna o algunas de las necesidades humanas que predomina?

El final de la línea, ¿termina en la parte positiva o en la negativa?

Paso 2. Identificar el patrón o los patrones que se repiten.

Los acontecimientos, ¿tienen alguna similitud en alguna temática, necesidad, área...?

Distingue ahora los acontecimientos positivos y los negativos y hazte la misma pregunta.

¿Has tenido un "momento revelación" en este ejercicio de autoconocimiento?

Paso 3. Vuelve al ejercicio y reflexiona en un par de días.

Volver a conectar con nuestro pasado para descubrir nuestro propósito puede ser muy enriquecedor. El hecho de haber pasado por este ejercicio-tamiz algunas de tus historias más significativas, hace que surjan autenticas pepitas de oro que, posiblemente, sean la base para que puedas escribir tu propósito.

Escribir tu propósito

Para comenzar a escribir tu propósito puedes tener en cuenta el siguiente formato:

Verbo en infinitivo_____________________de forma que

_____________________.

Te comparto el mío:

Inspirar a las personas a que encuentren soluciones en sus vidas, de forma que puedan mejorar el mundo.

Si logras expresar tu propósito en una oración, seguramente te será más fácil aplicarlo.

Para escribir tu propósito ten en cuenta lo siguiente:

- Debe ser duradero y relevante para tu vida personal y profesional.
- Nuestro propósito es único. No tenemos un propósito personal y otro propósito profesional.
- Tu propósito no es tu familia. Tampoco es un producto o servicio.
- Tu enunciado de propósito ha de tener simplicidad y claridad.
- Un propósito contribuye positivamente a los demás.

Cuida tus valores, porque se convierten en tus pensamientos.
Cuida tus pensamientos, porque se convierten en tus palabras.
Cuida tus palabras, porque se convierten en tus acciones.
Cuida tus acciones, porque se convierten en tus hábitos.
Cuida tus hábitos, porque se convierten en tu carácter.
Cuida tu carácter, porque se convierte en tu destino .

Pirkei Avot

El siguiente paso es conocer y ser consciente de cuáles son tus valores.

¿Qué son los valores?

Son las creencias particulares que tienen las personas sobre lo que es importante. Nuestros valores representan todo aquello que es importante para nosotros. Nuestro comportamiento debería estar en concordancia con nuestros valores. Es importante conocer nuestros valores para que nos guíen, motiven y ayuden en las situaciones de la vida. Es más, todos tenemos un valor que está por encima de todos los demás.

Ejercicio para descubrir tu jerarquía de valores

En la siguiente lista de valores puntúa de 1 (mínima importancia) a 10 (máxima importancia) los que consideres que en este momento guían tu vida.

• Adaptación	• Agresividad	• Alegría
• Altruismo	• Ambición	• Amistad
• Amor	• Anticipación	• Aportar un valor esencial

- Aprendizaje
- Armonía
- Arte
- Audacia
- Ausencia de esfuerzo
- Autenticidad
- Autoafirmación
- Autoconfianza
- Autodisciplina
- Autoestima
- Autonomía
- Aventura
- Ayudar
- Belleza
- Beneficio
- Bienestar
- Bondad
- Calma
- Capacidad de acción
- Cariño
- Claridad
- Coherencia
- Comodidad
- Compañerismo
- Compartir
- Compasión
- Competencia
- Comprensión
- Compromiso
- Comunicación
- Conexión
- Confianza
- Congruencia
- Consumir
- Contribución
- Control
- Cooperación
- Coraje
- Creatividad
- Crecimiento
- Cuidar la imagen
- Cultura
- Dar
- Dedicación
- Dejar
- Huella
- Deporte
- Desapego
- Desarrollo
- Descanso
- Diálogo
- Dinero
- Dios
- Disciplina
- Diversidad cultural
- Diversión
- Dulzura
- Ecología
- Educación
- Eficiencia
- Ejercicio físico
- Empatía
- Encuentro
- Energía
- Enfoque
- Entendimiento
- Entrega
- Entusiasmo
- Equilibrio
- Escribir
- Espiritualidad
- Espontaneidad
- Estabilidad
- Estética
- Estudiar
- Eternidad
- Evolución
- Excelencia
- Éxito
- Expansión
- Fama
- Familia
- Fidelidad
- Filosofía
- Finalidad
- Franqueza
- Fuerza

- Generosidad
- Gratitud
- Gratuidad
- Hermosura
- Hijos
- Hogar
- Honestidad
- Humildad
- Humor
- Idealismo
- Identidad
- Igualdad
- Independencia
- Inocencia
- Integración
- Integridad
- Internet
- Intimidad
- Intuición
- Justicia
- Lealtad
- Leer
- Libertad
- Libertad para ser yo
- Liderazgo
- Ligereza
- Limpieza
- Longevidad
- Luz
- Mesura
- Misticismo
- Nacionalismo
- Naturaleza
- Naturalidad
- Observación
- Ocio
- Orden
- Paciencia
- Pasión
- Paz interior
- Placer
- Plenitud
- Poder
- Positivismo
- Pragmatismo
- Prestigio
- Productividad
- Progreso
- Propósito
- Proximidad
- Pureza
- Realización
- Reconocimiento
- Redes sociales
- Relajación
- Religión
- Renovación
- Respeto
- Responsabilidad
- Restaurantes
- Riesgo
- Riqueza
- Romance
- Sabiduría
- Salir de fiesta
- Salud
- Satisfacción
- Seguridad
- Sencillez
- Sentido de la vida
- Ser
- Serenidad
- Servicio
- Sexualidad
- Silencio
- Sinceridad
- Sobriedad
- Sociabilidad
- Solidaridad
- Tolerancia
- Total expresión de mi yo
- Totalidad
- Trabajo
- Tradición

- Tranquilidad
- Unidad
- Ver televisión
- Vida

- Transparencia
- Utilidad
- Verdad
- Vitalidad

- Transpersonal
- Valentía
- Viajar
- Voluntad

¿A qué actividades les dedicas más tiempo y energía? Si alguno de tus valores no está en la lista, por favor, añádelo. A continuación, entre los que han obtenido la mayor puntuación, elige los cinco valores actuales por orden de importancia. Esta lista te ayudará a tomar conciencia de tus principales valores.

Cuando hayas identificado tus cinco valores actuales, pregúntate sobre cada valor: ¿me lleva este valor a mi propósito? ¿Quiero mantenerlo en mi vida? Si respondes afirmativamente, pásalo a tu lista de valores fundamentales. En cambio, si tu respuesta es negativa, simplemente sé consciente de que deberíamos eliminarlo.

Por último, escribe la lista de los cinco valores que quieres que presidan tu vida con el fin de llegar al propósito que te has marcado. Esos valores fundamentales son los que necesitas cultivar y trabajar hasta que sean una realidad para ti. Por tanto, tendrás dos listas, la lista de valores actuales y la lista de valores que van a ser determinantes para ti.

A partir de ahora, ten siempre presentes tus valores para que tomes decisiones coherentes con ellos; así estarás caminando hacia la vida que quieres y no en dirección contraria. Cuando dudes sobre tomar una decisión u otra, solo tienes que consultar estas listas y ver cuál de las dos opciones es consecuente con tus valores más altos.

Tus cualidades

Cuando todos los días resultan iguales es porque el hombre ha dejado de percibir las cosas buenas que surgen en su vida cada vez que el sol cruza el cielo.

Paulo Coelho

En algunos de los seminarios de formación que impartimos, suelo sugerir la siguiente dinámica. Pido amablemente a todas las personas de la sala que se levanten y que comiencen a interactuar entre ellas. La dinámica consiste en presentarte y comentar qué se te da bien en general. La interacción ha de durar un máximo de 60 segundos, que se reparten entre las dos personas. Acto seguido, proseguimos con otras personas.

Por ejemplo:

Buenas tardes, me llamo Teresa y soy muy buena impartiendo formación, que es a lo que me dedico.

Buenas tardes, me llamo Ángel y soy muy bueno con los números porque soy muy metódico.

Este ejercicio suele provocar inicialmente algo de pánico en algunas personas, porque en un primer instante no son conscientes de sus cualidades.

Te propongo el siguiente ejercicio:

Ejercicio 1
Mis cualidades personales

Esta actividad sirve para que tomes conciencia de tus propias cualidades personales.

Lee personalmente la lista de cualidades personales (2) y selecciona al menos 5 en las que consideras eres muy bueno/a.

Ejercicio 2
Las cualidades que los demás ven en mí

Distribuye a 5 personas de confianza la lista de cualidades personales (2) y solicítales que seleccione al menos 5 en las que consideren que eres muy bueno/a.

¿Qué coincidencias has encontrado? ¿Qué has descubierto con este ejercicio?

Lista de cualidades personales (2):

- Soy muy buen amigo
- Hablo muy bien
- Soy asertivo
- Perseverante
- Soy una persona agradecida
- Prudente
- Resiliente
- Independiente
- Tengo capacidad de sacrificio

- Escucho muy bien
- Escribo bien
- Tengo memoria de elefante
- Bailo muy bien
- Respetuoso
- Tengo capacidad de decisión
- Reflexivo
- Tengo capacidad de perdonar
- Positivo

- Generosidad
- Confiable
- Creativo
- Autocontrol
- Leo bien
- Me concentro bien
- Conecto con los demás
- Comprensivo
- Autoestima
- Integridad
- Inteligencia comercial
- Creatividad
- Justo
- Abierta de mente
- Comprometido
- Soy buena persona

- Educado
- Ojos bonitos
- Guapo
- Coherente
- Buen hijo
- Buen conversador
- Cocino bien
- Autoconciencia
- Cuidadoso
- Tengo capacidad para motivar
- Ordenado
- Metódico

- Limpio
- Empático
- Paciencia
- Buen actor
- Canto bien
- Hablo bien en público
- Buen humor
- Capacidad de ayuda
- Responsable
- Dignidad
- Inteligencia financiera
- Valiente
- Leal
- Compasivo
- Tengo sentido del humor
- Tengo capacidad de aprendizaje
- Capacidad de ayuda
- Voz preciosa
- Cabello bonito
- Deportista
- Luchador
- Resolutivo
- Alegre
- Auténtico
- Motivador
- Imaginativo

- Gozo de buena salud
- Buen compañero

- Gran capacidad de trabajo en equipo
- Amabilidad
- Dedicado
- Simpático
- Tierno
- Autoindagación
- Honrado
- Discernimiento
- Obediente
- Simplicidad

- Caritativo
- Autodisciplina
- Sereno

- Capacidad de liderazgo

- Sé contenerme
- Dulce
- Tolerante
- Entendimiento
- Humilde
- Honesto
- Disciplinado
- Puntual
- Hago un uso adecuado del tiempo
- Calmado
- Paciente
- Solidario

Conocer los estilos sociales

¿Cómo me gusta que me seduzcan? Como a todo el mundo, diciéndome que soy maravillosa.

Carmen Posadas

En este proceso que estamos realizando de autoconocimiento, quiero compartirte una herramienta muy poderosa: conocer los estilos sociales. Pienso que es muy importante que conozcas cada estilo social, cómo se comunica, que sepas cuál es el tuyo, que aprendas a identificar cada uno y a conectar al máximo con todas las personas.

Los estilos sociales son inherentes a cada uno de nosotros. Todos tenemos uno dominante. A continuación voy a describirte cómo es cada estilo. Posteriormente te propondré un test para que puedas conocer cuál es tu estilo social predominante, y finalmente te orientaré para que puedas identificar el estilo de cada persona.

Estilo "decidido"

Están muy centrados en conseguir objetivos e ingresos altos. Se adaptan bien a los cambios, siempre que pueda beneficiar los objetivos que se han marcado. Son personas muy vitales. Son rápidos y su nivel de actividad es alto. Su capacidad de concentración es muy baja en lo que es ajeno a sus rendimientos, y muy alta en lo propio. En general, suelen tensionarse cuando se encuentran en situaciones que dependen de otros y sienten que pueden retrasarles en sus objetivos.

Suelen aportar grandes beneficios a empresas que buscan un líder o aumentar su cuenta de resultados. Su energía procede de la realización de proyectos. No prestan atención a su interior ni al de los demás.

Sus niveles de responsabilidad y sentido del deber son muy altos. Tienen mucha determinación y son perseverantes. Ven oportunidades donde otros ven amenazas. Cuando comprenden que no van a obtener las metas esperadas con algún proyecto, lo dejan y se ponen a otra cosa sin ningún sentimiento de apego.

Les encanta hablar de sus retos y objetivos. Como comunicadores son cautivadores. Saben como tomar decisiones, son decididos y tienen firmes convicciones.

Son muy buenos para proyectos retadores y no demasiado para profesiones que requieran perfeccionismo.

¿En qué áreas puede mejorar el "decidido"?

Es impaciente, mandón, algunas veces demasiado impetuoso. No se rinde a pesar de perder. Puede llegar a ser inflexible.

En el ámbito laboral puede llegar a tomar decisiones temerarias, puede tener estrategias que no coinciden con la empresa para conseguir los objetivos. En la elaboración de las tareas prima la rapidez por encima de la calidad. Le cuesta expresar sus emociones aunque esto puede cambiar cuando le interesa lograr algo, y una vez alcanzado el objeto deseado vuelve a su desafecto.

Puede llegar a ser soberbio y ello le impide reconocer sus errores. Puede llegar, si la situación lo requiere, a cambiar la realidad de los hechos.

Se les puede identificar observando que son dominantes y tienden a la acción. Se puede conectar más fácilmente con ellos si hablas de los proyectos y de los resultados, o también si les dejas emplear sus métodos para realizar un proyecto y les ofreces nuevas responsabilidades.

Cuando se está en desacuerdo con ellos hay que realizarlo de forma directa, expresándoles siempre los beneficios.

Les encanta que les reconozcan lo que han realizado bien y la huella que ha supuesto para todos. Les complacen los retos, los desafíos y las nuevos cometidos y les molestan el incumplimiento de compromisos y ser controlados.

Podemos encontrar ejemplos de este estilo en personas como Rafael Nadal, la reina Letizia, Mark Zuckerberg, Cristiano Ronaldo, Barack Obama, y en personajes como Ben-Hur o la teniente O'Neil y el agente 007, James Bond.

Estilo "relaciones públicas"

La palabra clave en este estilo es la adaptación. Tienen una gran capacidad de resolver con empatía y simpatía situaciones complicadas. Son de personalidad atractiva. Grandes conversadores y anecdotistas.

Su estado de ánimo suele ser positivo. Viven el momento. Son dominantes como los "decididos", y en vez de estar orientados a las tareas están orientados a las relaciones.

Su energía procede de la relación con otros. Su capacidad de escucha es notable. Su capacidad de empatía es la cualidad posiblemente más notable.

Su liderazgo es relacional. Conectan con las personas y les apoyan para que logren sus objetivos. Respetan los tiempos de las personas con las que trabajan.

Son simpáticos y amables. Su agenda es muy importante. Suelen recordar muy bien a las personas. En ellos es característica la sonrisa y los movimientos rápidos agitando las manos.

Persuasivos, elocuentes, son grandes contadores de historias. Tienen gran facilidad para ser el centro de la fiesta.

Destaca su gran facilidad para seducir comercialmente.

¿En qué áreas puede mejorar el "relaciones públicas"?

En trabajos que no le gustan tiene tendencia a postergar, no persisten, son indisciplinados y se distraen fácilmente.

Pueden llegar a ser perezosos, inconstantes y poco comprometidos.

A veces hablan por hablar y pueden no percatarse de que, en algunas situaciones, no están agradando.

Pueden ser algo exagerados y se entretienen en trivialidades. Pueden tener cierta tendencia a ser controlados por las circunstancias.

Otros estilos pueden tacharles de no ser sinceros, ser poco maduros y demasiado felices.

En algunas tomas de decisiones suelen dejarse llevar por sus sentimientos.

¿Cómo identificarles?

Puedes identificarles porque se exaltan de golpe y se recuperan rápidamente como si no hubiera pasado nada. Les encanta que les pidas favores y soluciones. Les motivan terriblemente que les des cumplidos.

En ellos es muy característica la sonrisa y los movimientos amplios y redondeados, agitando las manos.

Odian las críticas. Es más conveniente solicitarles nuevas alternativas. Suelen pasar de las jerarquías.

Podemos encontrar ejemplos de este estilo en personas como Felipe González, Lady Di, Martin Luther King o John F. Kennedy, y en personajes como Axel Foley (Eddie Murphy), Maria Von Trapp (Julie Andrews) o Guido Orefice (Roberto Benigni).

Estilo "analista"

Las personas que tienen predominancia en el estilo "analista" son profundas, pensadoras, analíticas, serias y determinadas.

Tienen propensión a ser genios, son talentosos y muy creativos. Saben apreciar la belleza. Son sensibles a los demás, abnegados, meticulosos e idealistas.

Suelen ser de extremos. A veces pueden parecernos decididos, otros relaciones públicas, otras de estilo cooperativo y otras completamente deprimidos.

Adquieren su energía del interior. Disfrutan la soledad y tienen la capacidad de soñar despiertos. Son personas muy intuitivas, innovadoras y visionarias.

Se enfocan en el futuro y no dan importancia al presente. En los proyectos que participan suelen detallar mejor que nadie los obstáculos y riesgos. A su vez, poseen alta retentiva y agudeza mental.

¿En qué áreas puede mejorar el "analista"?

Tienen tendencia a recordar todo lo negativo. Pueden tener mala imagen de sí mismos, cierta tendencia a escuchar lo que les conviene. Se comportan de forma demasiado introspectiva. Pueden sufrir complejos de persecución y pueden padecer sentimientos de culpabilidad.

Pueden ser muy poco prácticos y tienden a enfocarse en la teoría.

Suelen estar susceptibles y su estado de ánimo puede influir de forma negativa en las personas de su entorno.

Demasiado autoexigentes y muy impacientes con aquellos que no tienen su mismo desempeño.

Son egocéntricos, tienden a compararse con los demás y tienen tendencia a pensar que todo lo pueden hacer mejor que las personas que les rodean.

Suelen ser reacios a las nuevas tendencias y a los nuevos gurús.

¿Cómo identificarles?

Les puedes identificar porque son muy orientados a la acción y son solícitos. Su postura corporal suele ser formal y con poco movimiento.

Suelen oponerse si no se les dan explicaciones lógicas. Captan un montón de detalles y se les debe dar tiempo para realizar preguntas.

Si les vas a hacer una crítica, hazla en privado y que sea lógica. Y si les vas a decir aquello que están realizando muy bien, que sea también en privado, detallando y con lógica. En este estilo, las condiciones positivas y las áreas de mejora se superponen.

Detestan los cambios bruscos, los entusiasmos inconsistentes y las voces chillonas.

Podemos encontrar ejemplos de este estilo en personas como Bill Gates o Zinedine Zidane.

"Estilo cooperativo"

En el estilo cooperativo son poco reactivos a lo que sucede en el exterior. Son introvertidos que encuentran la energía en su interior.

Su personalidad es tranquila, serena y relajada. Son casi imperturbables, a la vez que pacientes y equilibrados. Callados pero de buen humor, de gran amabilidad.

Cuando se dan situaciones de conflicto son los más agradables de todos los estilos, debido a su equilibrio.

Tienen grandes capacidades administrativas, son muy competentes y estables. Como mediadores son ideales.

Viven felices sin el efecto novedad. Tienen preferencia a no implicar a los demás con los problemas personales. Prefieren que los demás sean igual de considerados en este aspecto.

Trabajan bien bajo presión y suelen buscar el camino más fácil.

¿En qué áreas puede mejorar el "cooperativo"?

Suelen ser temerosos, preocupados y apáticos. Se comportan con indecisión e intentan evitar tomar responsabilidades.

Su mayor enemigo es el desinterés y la desmotivación. Contrasta su gusto por disfrutar la buena vida y lo poco que hacen para conseguirla.

¿Cómo identificarles?

Se comunican reflejando falta de excitación y palabras pausadas. Respuestas creativas y con sentido del humor.

Su expresión facial es relajada y sus movimientos son lentos.

Se puede conectar con ellos explicándoles con claridad lo que se quiere de ellos. Son solícitos cuando se les pide ayuda.

Si hay que darles *feedback* negativo, siempre en privado, y se ha de hablar en forma de sentimientos, emociones y beneficio común. Y en caso de dar *feedback* positivo, también en privado, con moderación.

Podemos encontrar ejemplos de este estilo en personas como Nelson Mandela, Alejandro Sanz, Richard Branson, Roger Federer, la reina Sofía, José Mújica, y en personajes como James Stewart en *Caballero sin espada* y en *La ventana indiscreta*.

Test para conocer tu estilo social

Todas las personas tenemos todos los estilos sociales. Es interesante cuál o cuáles son predominantes, con el fin de conocer y conocernos mejor.

A continuación te propongo realizar el siguiente test elaborado por Florence Littauer.

Instrucciones: en cada una de las siguientes líneas de cuatro palabras, señala la palabra que más se aplica a ti. Por favor, continúa hasta completar las cuarenta líneas.

1	Adaptable	Aventurero	Analítico	Animado
2	Juguetón	Persuasivo	Persistente	Plácido
3	Decidido	Abnegado	Sumiso	Sociable
4	Controlado	Considerado	Competitivo	Convincente
5	Entusiasta	Respetuoso	Reservado	Inventivo
6	Sensible	Autosuficiente	Enérgico	Contento
7	Activista	Planificador	Positivo	Paciente
8	Puntual	Seguro	Tímido	Espontáneo
9	Abierto	Optimista	Ordenado	Atento
10	Fiel	Amigable	Dominante	Humorístico
11	Encantador	Detallista	Osado	Diplomático
12	Confiado	Constante	Culto	Alegre
13	Inofensivo	Idealista	Inspirador	Independiente
14	Decisivo	Cálido	Humor seco	Introspectivo

15	Instigador	Cordial	Músico	Conciliador
16	Tolerante	Considerado	Tenaz	Hablador
17	Líder	Vivaz	Escucha	Leal
18	Jefe	Organizado	Listo	Contento
19	Popular	Productivo	Permisivo	Perfeccionista
20	Atrevido	Jovial	Se comporta bien	Equilibrado
21	Soso	Apocado	Estridente	Mandón
22	Sin entusiasmo	Indisciplinado	Antipático	Implacable
23	Resistente	Resentido	Reticente	Repetidor
24	Franco	Olvidadizo	Temeroso	Exigente
25	Interrumpe	Impaciente	Inseguro	Indeciso
26	No comprometido	Frío	Imprevisible	Impopular
27	Descuidado	Terco	Difícil de contentar	Vacilante
28	Pesimista	Orgulloso	Tolerante	Insípido
29	Sin motivación	Argumentador	Iracundo	Taciturno
30	Ingenuo	Nervioso	Desprendido	Negativo
31	Abstraído	Adicto al trabajo	Ansioso	Egocéntrico
32	Hablador	Indiscreto	Susceptible	Tímido
33	Desorganizado	Dominante	Dudoso	Deprimido
34	Intolerante	Inconsistente	Introvertido	Indiferente
35	Manipulador	Desordenado	Moroso	Quejumbroso
36	Ostentoso	Escéptico	Lento	Testarudo
37	Prepotente	Emocional	Solitario	Perezoso
38	Atolondrado	Malgeniado	Suspicaz	Sin ambición
39	Inquieto	Vengativo	Poca voluntad	Precipitado
40	Variable	Comprometedor	Crítico	Astuto

Comprobación de resultados

	Relaciones públicas	Decidido	Analista	Cooperativo
1	Animado	Aventurero	Analítico	Adaptable
2	Juguetón	Persuasivo	Persistente	Plácido
3	Sociable	Decidido	Abnegado	Sumiso
4	Convincente	Competitivo	Considerado	Controlado
5	Entusiasta	Inventivo	Respetuoso	Reservado
6	Enérgico	Autosuficiente	Sensible	Contento
7	Activista	Positivo	Planificador	Paciente
8	Espontáneo	Seguro	Puntual	Tímido
9	Optimista	Abierto	Ordenado	Atento
10	Humorístico	Dominante	Fiel	Amigable
11	Encantador	Osado	Detallista	Diplomático
12	Alegre	Confiado	Culto	Constante
13	Inspirador	Independiente	Idealista	Inofensiva
14	Cálido	Decisivo	Introspectivo	Humor seco
15	Cordial	Instigador	Música	Conciliador
16	Hablador	Tenaz	Considerado	Tolerante
17	Vivaz	Líder	Leal	Escucha
18	Listo	Jefe	Organizado	Contento
19	Popular	Productivo	Perfeccionista	Permisivo
20	Jovial	Atrevido	Se comporta bien	Equilibrado
21	Estridente	Mandón	Apocado	Soso
22	Indisciplinado	Antipático	Sin entusiasmo	Implacable
23	Repetidor	Resistente	Resentido	Reticente
24	Olvidadizo	Franco	Exigente	Temeroso

25	Interrumpe	Impaciente	Inseguro	Indeciso
26	Imprevisible	Frío	No comprometido	Impopular
27	Descuidado	Terco	Difícil contentar	Vacilar
28	Tolerante	Orgulloso	Pesimista	Insípido
29	Iracundo	Argumentador	Sin motivación	Taciturno
30	Ingenuo	Nervioso	Negativo	Desprendido
31	Egocéntrico	*Workaholic*	Abstraído	Ansioso
32	Hablador	Indiscreto	Susceptible	Tímido
33	Desorganizado	Dominante	Deprimido	Dudoso
34	Inconsistente	Intolerante	Introvertido	Indiferente
35	Desordenado	Manipulador	Moroso	Quejumbroso
36	Ostentoso	Testarudo	Escéptico	Lento
37	Emocional	Prepotente	Solitario	Perezoso
38	Atolondrado	Malgeniado	Suspicaz	Sin ambición
39	Inquieto	Precipitado	Vengativo	Poca voluntad
40	Variable	Astuto	Comprometedor	Crítico

Total decidido:

Total relaciones públicas:

Total analista:

Total cooperativo:

Porcentaje decidido:

Porcentaje relaciones públicas:

Porcentaje analista:

Porcentaje cooperativo:

Por último, te propongo una simplificación que me enseñó Isabel Anthony.

Hazte las siguientes preguntas:

- Esta persona, ¿es activa, tiene iniciativas? ¿O es tranquila y tiende a escuchar?
- ¿En esta persona prima relacionarse con las personas? ¿O prima la realización de tareas?

Ejemplos:

Activa y prima con las personas. Es relaciones públicas.

Activa y prioriza la realización de tareas. Es decidido.

Tranquila y orientada a relacionarse con otras personas. Es el estilo social cooperativo.

Tranquila y con orientación a realizar tareas. Es estilo analista.

Ahora ya conoces tu propósito, tus valores, tus cualidades y tu estilo. ¿Estás listo para seguir?

Empezando a hacer *networking*

Como profesional, el know how *es muy importante, pero quizás tan importante o más es el* know who.*

Enric Lladó

Gestionando tu red de contactos

El *networking* supone la realización de actividad continua con tu red. No se trata de acudir a un evento de forma puntual o enviar una invitación a tus contactos. Trabajar tu red supone mantener su crecimiento (expandir tu red de contactos) y alimentar de forma permanente la red (preservar tu red de contactos).

Antes de llegar a tratar estos puntos, vamos a trabajar dos ejercicios que son muy reveladores:

Tu red actual.

En este ejercicio tomarás consciencia de tu red y de que no partes de cero.

Aprenderás a valorar tu red de una forma ágil y sencilla.

Un ejercicio revelador de cómo has ido construyendo tu red hasta la fecha.

Tu red actual

¿Ya conoces tu propósito o estás en trabajando en perfilarlo? Es hora de comenzar a hacer *networking*. Y estarás pensando: ¿por dónde puedo empezar?

En nuestra opinión, el comienzo más lógico es que tomes consciencia de gestionar adecuadamente tu red actual de contactos.

¿Eres consciente de todas las personas que componen tu red de contactos? Lo más importante en esto de comenzar a hacer *networking*, es que no partes de cero. Te vamos a mostrar que tienes más contactos de los que piensas.

En primer lugar, te proponemos realizar un ejercicio. Se llama "tu red actual". Es muy simple. Solo tienes que escribir el nombre de todas las personas que conoces. Este ejercicio es muy interesante y te inspirará para iniciarte en la gestión de contactos.

Recomendaciones para realizar el ejercicio:

- Tomate tu tiempo. Si puedes, dedícale ratos enteros de tiempo que al menos sean de 30 minutos seguidos sin interrupciones.
- Usa cuaderno y bolígrafo, o si te parece más adecuado, una hoja de Excel.
- Deja espacio para cada contacto.
- Si no te acuerdas de su nombre, puedes poner "vecina del quinto" o "dueño del ultramarinos".

- Para poder hacerlo de forma más ordenada y sencilla te

sugerimos algunas posibles categorías:

— Amigos

  o Familiares de mis amigos.

  o Vecinos de mis amigos.

  o Compañeros de mis amigos.

— Familia

  o Padres, hermanos, abuelos, tíos, primos, cuñados, sobrinos...

  o Familiares de tus familiares, por ejemplo: padres, hermanos y parejas de tus cuñados, parejas de tus sobrinos, parejas de tus primos.

  o Amigos de familiares que conozcas.

  o Compañeros de trabajo de familiares.

— Compañeros del colegio, del instituto, de deporte, de la Universidad.

  o Compañeros de clase, compañeros de otras clases o cursos.

  o Profesores que impartieron, profesores que no me impartieron directamente.

— Vecinos

  o Portero y vecinos directos.

  o Portero y vecinos de otros edificios.

  o Empleados y propietarios de comercios.

— Compañeros del trabajo actual, de trabajos anteriores.

- o Compañeros y jefes.
- o Personas del sector.
- o Familiares de mis compañeros.
- o Amigos de mis compañeros.
- o Vecinos de mis compañeros.

— Proveedores del hogar, del trabajo actual, de trabajos anteriores.

- o Electricista, carpintero, el de las ventanas, la empleada del hogar, el administrador, el del seguro de la casa...
- o El asesor, el de reprografía, el comercial de seguros, el profesor de inglés, el formador de desarrollo personal.
- o Clientes del trabajo actual.
- o Clientes de trabajos anteriores.

— Personas de organizaciones a las que pertenezco actualmente.

— Personas de organizaciones a las que pertenezco actualmente.

— Personas con las que comparto o practico aficiones actualmente.

— Personas con las que compartía o practicaba aficiones actualmente.

Después de realizar el ejercicio ya eres un poco más consciente de todas las personas que han pasado por tu vida, y además las tienes clasificadas.

Tu red de contactos es un reflejo de cómo te has ido moviendo en tu vida hasta este momento. Los factores que han compuesto tu actual red son:

- Tus habilidades de conexión
- Tus ganas de socializar
- Tu estrategia
- Tu enfoque
- Tu perseverancia
- La casualidad

Te proponemos realizar otro ejercicio. El ejercicio consiste en establecer un porcentaje a cada uno de los factores, sabiendo que la suma total de los seis es 100, valorando cómo se ha constituido tu red actual de contactos.

Por ejemplo:

Tus habilidades de conexión 20 %
Tus ganas de socializar 20 %
Tu estrategia 0 %
Tu enfoque 5 %
Tu perseverancia 0 %
La casualidad 55 %

Ahora nos gustaría que recordases tu propósito, y acto seguido confronta tu propósito y tu red de contactos.

¿Tendrías que realizar algún cambio en los factores para vivir tu propósito? ¿Y qué acciones de *networking* he de realizar para vivir mi propósito?

Aprender a valorar tu red actual

Te proponemos un ejercicio muy sencillo con el que podrás aprender a valorar cuál es el valor de tu red actual.

- Identifica las 25 personas más importantes de tu red actual.
- De cada una extrae, en la medida posible, tres fortalezas y tres debilidades.
- Identifica a las 25 personas de tu red a las que aportar.
- De cada una, vuelve a extraer tres fortalezas y tres debilidades.
- Encuentra patrones

Las siguientes cuestiones te ayudarán a que salgan a la luz todo lo referente a cómo es tu red actual:

- ¿Tu red está centrada en tu pasado?
- ¿Está centrada en tu futuro?
- ¿Es endogámica? ¿Todos tus contactos son conocidos entre sí?
- ¿Tus contactos son similares a ti?
- ¿Has confrontado cómo puedes trabajar tu propósito con tu red actual?

El valor de tu red actual es la calidad y relación que tienes con tus contactos, siendo una gran parte de ese valor los contactos de tus contactos.

Expandir tu red de contactos

Si quieres un año de prosperidad, cultiva arroz. Si quieres diez años de prosperidad, cultiva árboles. Si quieres cien años de prosperidad, cultiva personas.

Proverbio chino

En el ejercicio "tu red actual", realizado anteriormente, has podido encontrar algunos patrones de cómo has ido construyendo tu red hasta la fecha. Ahora te proponemos que, siendo consciente de tu propósito, te plantees cómo vas a construir tu red a partir de ahora. Ello requiere que elabores un plan de *networking*.

En este apartado trabajaremos un ejemplo de plan de *networking* basado en un ejemplo real.

Los apartados del plan son:

¿Qué te gustaría obtener haciendo *networking*?

En este punto relacionaremos tu propósito, tus valores, tu experiencia con la red que quieres construir, y desarrollaremos un ejemplo de plan de *networking*.

Habilidades para desarrollar *networking*.

Profundizaremos y veremos técnicas para ser un gran *networker*: escucha potente, aprender a conversar, transmitir confiabilidad y actitud mental.

¿Qué te gustaría obtener haciendo *networking*?

Lo realizaremos con un ejemplo. Lo hemos realizado de tal forma que valga para cualquier persona.

Descripción inicial

Eres una técnico de formación de una empresa. Trabajas en el departamento de formación de una empresa con diez sedes en toda España. Tu trabajo es coordinar la realización de formaciones a clientes, asegurarte que se realizan las acciones comerciales adecuadas, posteriormente gestionar la impartición de los cursos, seminarios y, finalmente, ordenar la facturación y cobro de los trabajos realizados.

¿Qué te gustaría obtener haciendo *networking*?

Tu aspiración es llegar a ser directora del Departamento de Formación.

¿En qué consistiría tu plan de acción de *networking*?

Para que una planificación sea efectiva debes seguir el siguiente esquema:

- Establece un objetivo para los próximos 5 años.
- Ponte un objetivo anual.
- Establece las acciones a realizar cada trimestre.
- Establece las acciones a realizar cada mes.

- Planifica semanalmente.
- Planifica diariamente.

Los siguientes puntos te ayudarán a determinar tu objetivo para los próximos cinco años:

- Tu propósito
- Tus valores
- Tu red
- Tu experiencia

Los siguientes puntos te servirán como orientación para incluir acciones concretas en tu día a día:

- Construir tu nueva red.
- Competencia o "coopetencia".
- LinkedIn
- Ferias del sector o acudir a conferencias, charlas o actos.
- Organizar algún evento.
- Aficiones
- Acudir a un desayuno teaser.
- Apuntarte a clubes de *networking*.

A continuación tratamos estos aspectos en profundidad:

Tu propósito

¿Conoces ya tu propósito?

Alcanzar la dirección de Formación no es tu propósito. Ese puesto significa una forma de realizar tu propósito. Imagina que tu propósito es encontrar soluciones para todas las personas, de forma que puedan alcanzar sus metas. Una posibilidad de realizarlo es tanto desde tu puesto actual como desde el puesto de director del Departamento de Formación. El puesto en el que estás actualmente significa qué estás haciendo para realizar tu propósito.

Simon Sinek, en su modelo del círculo de oro, postuló que todas las personas saben lo que hacen, no muchas conocen el "cómo" se hace y muy pocas saben "por qué" hacen lo que hacen. Es decir, hay recorrer un camino desde dentro hacia afuera.

Tu propósito o "porqué" es tu motivación para actuar, es la gasolina que representa por qué te levantas cada mañana.

El "cómo" son tus valores, los procesos, las acciones específicas para realizar el propósito.

El "qué" son tus resultados, todo aquello que es tangible para traer tu propósito a la realidad.

Tu propósito representa el viaje; en tu caso, el de la persona en la que quieres convertirte.

Tus valores

¿Tienes claro cuáles son tus valores? ¿Cuáles son los principios que te guían y motivan en las situaciones que van aconteciendo en tu vida?

Tu red

En el ejercicio del apartado anterior averiguaste cómo es tu red actual y confrontaste cómo es respecto a tu propósito. Ahora trabajaremos un plan para ir construyendo tu nueva red.

Tu experiencia

En cierta ocasión, un directivo me sugirió, de forma categórica, ascender a una persona porque tenía ocho años de experiencia. Le pregunté si tenía la absoluta certeza de ese dato. Me respondió, de forma más dubitativa, afirmativamente. Finalmente le pregunte si la persona en cuestión tenía ocho años de experiencia o tenía un año de experiencia repetido ocho veces.

¿Cuál es tu crecimiento desde que comenzaste tus distintos proyectos? ¿En qué materias has avanzado? ¿Qué formaciones has realizado hasta la fecha? ¿Has ido acumulando conocimientos? ¿Útiles? ¿Cuáles has aplicado?

Es importante hacer el ejercicio de unir los puntos de tu pasado hasta llegar al día de hoy. Todas las experiencias, positivas y negativas, suponen un aprendizaje, constituyen la persona que eres hoy en día.

En este punto ya has realizado una amplia valoración de tu punto de partida. A su vez, es posible que te hayan rondado distintos pensamientos al respecto. Algunos centrados en la frustración de que puede resultar largo y complicado el proceso, sobre todo si nos enfocamos en aquello que pensamos que nos puede faltar. Otros centrados en las oportunidades que se derivan de todo lo expuesto anteriormente, oportunidades para construir la persona que estás destinada a ser.

Construir tu nueva red

Tu aspiración es llegar a ser directora del Departamento de Formación. En este punto, tienes identificadas a las personas importantes de tu red actual y ya conoces lo importante que puede ser que cultives tus vínculos.

Para empezar, deberíamos obtener algunos datos.

- ¿Cuánto tiempo requiere llegar a dirigir un departamento de formación?
- ¿Cómo han llegado a este puesto estas personas?
- ¿Qué habilidades han ido desarrollando?
- ¿En qué entornos suelen moverse?
- ¿En qué proyectos suelen participar?
- ¿Qué es lo bueno y qué es lo malo de su trabajo?
- ¿Cómo organizan sus departamentos y de qué medios disponen?
- ¿Cómo realizan la gestión de recompensas con el personal?
- Cuando tienen conflictos, ¿cómo suelen resolverlos?
- ¿Toman decisiones con facilidad?
- ¿Cómo compaginan su tiempo personal y su tiempo profesional?
- ¿Cómo siguen creciendo en ese puesto, tanto personal como profesionalmente?
- ¿Qué capacitación tenían? ¿Han seguido capacitándose?
- Exactamente, ¿en qué ha consistido su capacitación?

Bien, estas son algunas preguntas de indagación posibles para que intentes ir averiguando.

¿A cuántos directivos de departamentos de formación conoces? ¿A cuántas personas conoces que conozcan directivos de formación?

En mi opinión, que conozcas a un número de personas —entre diez y veinte— que hayan ocupado ese cargo o uno bastante similar, podría ser un número adecuado.

Después de indagar lo suficiente, busca patrones que puedan ayudarte a modelar el directivo de formación que quieres llegar a ser.

¿Dónde puedo ir conociendo más? ¿Dónde suelen moverse estás personas?

Competencia o "coopetencia"

¿Conoces a las empresas que desarrollan su actividad en tu sector?

¿Qué oportunidades piensas que tienes de coincidir con alguno de sus directivos?

¿Con qué empresas podríais complementaros? ¿Qué posibilidades habría de cooperar con otras empresas similares a la tuya? ¿Qué servicios ofrecen que podría ser interesante que pensarais ofrecer vosotros?

LinkedIn

¿Tienes perfil en LinkedIn? Posiblemente, la forma más fácil y rápida para conocer a las personas que ocupan un cargo similar al que aspiras es LinkedIn.

Crea tu propio perfil y comienza a interactuar.

Los siguientes consejos pueden ser de interés para crear o mejorar tu perfil:

— Empieza por tener una buena foto en tu perfil. Actual, de hombros hacia arriba y, si es posible, sonríe.
— Incluye un titular que llame la atención. El titular es la frase debajo de tu nombre que te acompaña a todas partes en LinkedIn.
— Usa las palabras clave. Usa las palabras que mejor te definan como profesional a lo largo de tu perfil.
— Redacta un extracto. Tu momento para hacer marketing personal. Hay un espacio de 2600 caracteres.
— Necesitas tener un cargo actual aunque estés en desempleo.
— Incluir recomendaciones. Por ejemplo, de tus compañeros y excompañeros, de tus clientes o antiguos clientes.
— Comprueba que tus datos de contacto estén accesibles.

Si quieres que alguien te llame o te escriba, debes asegurarte que tus datos de contacto son visibles a todos porque por defecto no lo son.

Si quieres empezar a tener presencia o mejorar la actual, te indico unas recomendaciones:

— Ten tu perfil de LinkedIn lo más completo posible. Mantén actual tu perfil. LinkedIn premia a aquellos que mejor lo tienen con un mejor posicionamiento.
— Reserva al menos una hora y media a la semana. Tener una buena presencia y obtener resultados en

LinkedIn es cuestión de perseverancia.

— Evita las palabras huecas y manidas en tu perfil. LinkedIn saca la lista de palabras más repetidas en los perfiles, y que por tanto están más "manoseadas". Por ejemplo: creativo, motivado, apasionado, especializado, responsable, experto, multinacional, estratégico, entusiasta, de dilatada experiencia...

— Personaliza la url de tu perfil. Por ejemplo, www.linkedin.com/in/tony-solo. De esta forma toda persona que te busque por tu nombre te podrá encontrar fácilmente.

— Permite que tu perfil sea público. En la parte de configuración se puede elegir que queremos que los demás vean de nosotros. En mi opinión, es conveniente que tu perfil lo pueda ver todo el mundo porque lo que nos interesa es estar al alcance de los demás.

— Actualiza con alguna recomendación o comentario. Al menos hazlo dos o tres veces por semana.

— Amplía permanentemente tu red de contactos. Cuanto más amplia sea tu red de contactos de primer grado mayores serán tus posibilidades de añadir nuevos contactos.

— Superconectores Busca, encuentra y conecta con los superconectores de tu red. ¿Qué es un superconector? Alguien que tiene un elevado número de contactos en LinkedIn. En algunos casos, puedes ver que se definen como "Lions" (LinkedIn Open Networkers). Conseguir alguno de contacto puede servirte de ayuda para ampliar tu red.

—Contacta con quien te ayude a lograr tus objetivos. Al principio apóyate en superconectores para ampliar tu red, después es conveniente que seas selectivo a la hora de solicitar contacto.

—Hazte miembro de grupos que te ayuden en tus objetivos. Es muy recomendable pertenecer a todos aquellos grupos que, por su temática o participantes, puedan enriquecerte profesionalmente y, a su vez, te ayuden a lograr tus objetivos. En LinkedIn puedes llegar a estar hasta en 100 grupos.

—Comunícate con tus contactos. Deja la timidez en casa. Para conseguir tus objetivos has de estar activo y buscar las oportunidades. Si solo te limitas a tener un perfil pero no entablas relación con quienes puedes ayudar y con quienes te pueden ayudar a lograr tus objetivos, te será bastante difícil conseguir lo que buscas.

Ferias del sector o acudir a conferencias, charlas o actos

Acudir a eventos de tu sector y conectar con las personas que acuden a estos eventos es muy recomendable. En este tipo de eventos puedes relacionarte con las que, en tu día a día, no tienes la oportunidad de relacionarte. La experiencia es una mezcla que incluye aprendizaje técnico, querer escuchar a personas que saben más que tú de esto o de aquello, que te da pie a comenzar una conexión que puede prolongarse más allá del evento con algunas personas de las que allí encuentres.

Por otro lado, te ayuda a mostrarte a los demás, a percatarte en qué materias puedes aportar a los demás, a conocer qué estás haciendo mejor y qué áreas de mejora has descubierto sobre tu día a día.

Muchas personas nos preguntan si pensamos que es recomendable acudir a este tipo de eventos. Nuestra respuesta es que depende de tus prioridades y de tus expectativas, y sobre ellas podemos orientarte.

- **¿Cuáles son tus expectativas para ese evento?** ¿Qué te gustaría obtener? ¿Estás buscando partners? ¿Con qué asistentes te gustaría contactar? Has de tenerlo claro. Recuerda que metas borrosas implican resultados borrosos.
- **Olvídate de ir a "vender tu libro".** No acudes a un evento para vender. Es muy importante que tengas en cuenta lo que comentamos en el capítulo Habilidades para desarrollar *networking*. Escucha y pregunta. Dedícate a aprender y habla brevemente sobre ti. Recuerda: ¡Prohibido vender! (Si alguien se empeña en comprarte, en ese caso, ¡adelante!).
- **Da seguimiento a los contactos que hagas en las 72 horas siguientes del evento.** Esto asegura que tu recuerdo esté fresco en la mente de tu contacto.
- **Evita sonar como un autómata que repite permanentemente su discurso.** Recuerda siempre que debe prevalecer la calidad sobre la cantidad. Es más conveniente establecer siete buenos contactos que 47 tarjetas de personas con las que no vas a tener mucha más relación. Tómate algo de tiempo

para conversar y dejar una gran impresión. Ello será la base que pueda transformarse, en algún momento, en oportunidades de negocio y socios.

— **Sé memorable**. Siempre que puedas, esfuérzate y participa con alguna pregunta durante la sesión de preguntas y respuestas, si hay una charla. Se trata de ser memorable y no ser un memo. Pregunta con sentido, con humildad e inteligentemente. Esto es una manera formidable de entrar en el "radar" de todos los asistentes. Cuanto más te recuerden más atraerás contactos.

— **Acude con un compañero o con tu socio**. Te será más fácil moverte y podréis trabajar en equipo para conectar con las demás personas.

— **Déjate de excusas**. Habitualmente encontramos que los trabajadores por cuenta ajena prefieren excusarse de no ir a este tipo de eventos porque están en horario laboral, y los trabajadores por cuenta propia porque no disponen de tiempo. Todo ello son excusas y falta de visión global sobre aquello que quieres conseguir.

Organizar algún evento

Puede ser muy útil para retomar antiguos contactos y darle gasolina a los actuales.

Para hacerlo bien has de tener en cuenta los siguientes aspectos:

- Realiza las invitaciones con bastante tiempo de antelación. Busca la confirmación y realiza recordatorios de forma constante y no invasiva. Depende del evento, sector... Nosotros nos encontramos asistencias del 75 % de personas.

- Haz un gran recibimiento para tus invitados. Hazles sentir importantes agradeciéndoles su presencia.
- Actúa de forma proactiva para que las personas interactúen.
- Cuida al máximo todos los detalles referentes al evento. Facilita cómo pueden llegar al evento, despídeles adecuadamente...

Pon en marcha un blog

Por ejemplo, sobre tus nuevos aprendizajes. Ello puede ayudar a otras personas y, además, es una forma excelente de conectar con ellas.

También puedes considerar la opción de hacer un podcast o crear un canal de YouTube.

Algunos ejemplos de éxito que seguimos, que son verdaderos superconectores y realizan grandes aportaciones de ideas y contenidos son: Víctor Hugo Manzanilla, Luis Ramos, José Miguel García, Victor Martín, el equipo de Caminando por la Vida, Patricia Berzosa y Mónica Fernández, Timothy Ferriss, Peter Diamandis...

Organiza una comida

Otra forma de conectar puede ser quedar a comer o tomar un café.

¿Eres conocedor de todas las cosas que dice sobre ti cómo te comportas durante una comida? ¿Sabías que la tasa de éxito en las comidas de negocios es cercana al 50 %?

Algunas pequeñas pautas que has de tener en cuenta algunas cuestiones:

- Sé puntual.
- Evita ir a vender "tu libro".
- Guíate por lo que pida el anfitrión. Pero si este te deja a ti la elección, elige platos fáciles de comer porque la conversación es lo que importa.
- Se empieza a comer cuando todo el mundo está servido. En el resto de platos no es necesario esperar, pero sí a que todos los comensales tengan su comida en la mesa.
- La servilleta se coloca sobre las piernas cuando todos los comensales estén sentados. Si has de levantarte, se pone en la silla. Y al terminar de comer, se coloca, sin doblar, en tu lado izquierdo.
- Es descortés atender una llamada del móvil, a menos que sea algo muy urgente o muy importante.
- La persona que realiza la invitación es la que debería abonar la comida.

Aficiones

Cuando hacemos lo que nos gusta también podemos conocer a personas interesantes con las que ya tenemos algo en común.

Te recomendamos que seas disciplinado, porque practicar tus aficiones es muy importante y, además, puedes ayudar o te puede ayudar a conectar con personas que pueden colaborar contigo en tu propósito.

Acudir a un desayuno *teaser*

Algún proveedor nos envía una invitación a personas del sector, en la que algún ponente de temas candentes realizará un pequeño seminario o similar. Finalmente, nos tratarán de vender algún servicio.

Es una gran opción para conectar con otros profesionales del sector.

Algunas pautas que debes recordar son:

- Responder agradeciendo, tanto si asistes como si no, a la invitación que te han realizado.
- Si finalmente acudes, confirma tu asistencia con tiempo suficiente.
- Sé puntual. Podría ser que el evento este organizado a una hora complicada. Lo que puedes mejorar tú depende de ti, lo que puedan mejorar los demás depende de los demás. Así que sé puntual.
- Saluda a los otros invitados e interactúa.
- Envía una nota de agradecimiento.

Apuntarte a clubes de *networking*

Es otra opción, aunque en ellos no diriges generalmente a quien quieres conocer. En nuestra opinión, es una buena forma para practicar tus habilidades de conexión.

En este caso, recomendamos varios aspectos:

- Muchas personas intentarán venderte. Estate preparado.
- Prepara tu discurso. Algunas pautas para realizar tu elevator pitch son:

— Indica quién eres y cuál es tu valor añadido. La formulación del propósito es de gran ayuda en este punto.

— Tu discurso ha de ser breve, cautivador y que tenga un toque de sorpresa.

— Practícalo como si estuvieras en un ascensor y solo tuvieras 40 segundos para hablar.

— Siempre es útil. Sobre todo cuando te está costando conectar con alguien a quien te acabas de presentar.

  o Personas con estilos sociales predominantente cooperativos y analistas suelen sintetizar su discurso muy poco. Así que si tu perfil preponderante es decidido o relaciones públicas y deseas conectar con estos perfiles, ten paciencia y ni se te ocurra meterles prisa.

  o En cambio, personas con estilos sociales predominantente cooperativos y analistas suelen sintetizar su discurso. Así que si tu perfil preponderante es analista o cooperativo y deseas conectar con estos perfiles, acepta la forma de expresar y realiza alguna consulta intentando sincronizar su rapidez.

  o Lista aquello que debes llevar. Gran cantidad de tarjetas. Libreta y bolígrafo.

— Identifica las tarjetas de presentación con anotaciones: al momento de estar conociendo a las personas a través de sus tarjetas de presentación, realiza pequeñas anotaciones que te permitan identificar posteriormente a cada persona.

Habilidades para desarrollar *networking*

En este punto te describiremos algunas habilidades que has de tener en cuenta cuando practiques *networking* : habilidades de conexión.

Habilidades de conexión

Según una encuesta realizada a directivos, las diez aptitudes más valoradas en un profesional son:

- Saber escuchar.
- Dar instrucciones claras y efectivas.
- Identificar y solucionar situaciones conflictivas.
- Dar feedback a los colaboradores.
- Delegar responsabilidades de manera eficaz.
- Saber escribir de forma efectiva.
- Comunicar las diferentes decisiones y objetivos a su equipo de trabajo.
- Ser efectivo en la comunicación oral.
- Explicar las funciones a los nuevos miembros de su equipo.
- Obtener feedback de los clientes, tanto externos como internos.

Si te fijas, todas ellas son formas de comunicación. Debes averiguar cuál es tu punto de partida actual y trazar un plan de mejora en cada una de ellas.

A continuación te vamos a detallar algunas técnicas para ser un interlocutor muy poderoso:

- Escucha potente
- Aprender a conversar
- Transmitir confiabilidad
- Actitud mental

Escucha potente

De Theodore Roosevelt, presidente de los Estados Unidos desde 1901 hasta 1909, se decía que tenía una gran capacidad para escuchar.

Durante una cena de gala, cansado de que la mayoría de asistentes se dedicara a comentar de manera ceremoniosa y sin sentido, comenzó a saludar a las personas diciéndoles con una sonrisa: "Esta mañana asesiné a mi abuela". La mayor parte de las personas, tan nerviosas por encontrarse con él, no se detenían a escuchar y ni siquiera solicitaban que repitiera el comentario. Solo un diplomático le escuchó y le comentó, en forma de susurro: "Estoy seguro que recibió su merecido".

¿Sabes cuántas palabras somos capaces de pensar por minuto? Entre 700 y 1000 palabras.

¿Sabes cuántas palabras somos capaces de escuchar por minuto? Alrededor de 400 palabras.

¿Sabes cuántas palabras somos capaces de hablar por minuto? Entre 140 y 180 palabras.

Estos datos dan bastante que pensar. Es bastante probable que cuando estemos conversando con alguien, nuestro interlocutor o nosotros estemos con otros pensamientos que no tengan nada que ver con la conversación que estamos manteniendo.

Por otro lado, la sensación que se produce cuando sentimos que somos escuchados constituye un momento insuperable. Hemos de añadir que la escucha no es fácil por varias razones:

- No estamos entrenados para escuchar. Desde temprana edad somos entrenados de forma predominante en lectura y escritura.
- Cada persona venimos de nuestra casa con nuestros propios intereses y pensamientos.
- Todas las personas tenemos nuestra propia historia y nuestro propio contexto personal, y ello puede condicionar nuestra capacidad de escuchar.
- Solemos tener tendencia natural a responder, antes de entender.

En general, somos conocedores de poder mejorar nuestra capacidad de escuchar. Te propongo realizar el siguiente ejercicio práctico de escucha:

Te encuentras de sorpresa con un amigo en un evento. Hace unos meses que no le ves, y os dais un abrazo y le preguntas: "¿Cómo te va la vida?".

Entonces te mira con apuro y te comenta: "No muy bien. Me acaban de confirmar que tengo cáncer, ha hecho metástasis y me quedan pocos meses".

Por favor, detén aquí la lectura y escribe lo que crees que deberías decirle.

¿Cuál de los siguientes tipos de respuestas piensas que sería la más adecuada?

1ª. Respuesta de reacción automática.

Decimos lo que nos venga a la cabeza. "Pues mi vecina me ha dicho que le pasa lo mismo".

2ª. Respuestas interrogantes.

Respondemos buscando información de la otra persona que solo le incumbe a ella.

"¿Has hablado con varios especialistas? ¿Cuál es tu PSA?".

3ª. Respuestas con juicio.

Respondemos como si tuviéramos autoridad sobre la otra persona.

"Ya verás como no es para tanto".

4ª. Empática.

Hacer ver al otro que no está solo y que le entendemos.

"Entiendo que esto te afecte". "¿Quieres que hablemos de todo ello?".

5ª. Respuestas directivas.

Indicas a la otra persona lo que tiene que hacer.

"Vamos a ir a la clínica de Boadilla...".

6ª. Respuesta tranquilizante.

Son respuestas que no suelen ayudar en nada al interlocutor.

"¡Vaya! ¡Cuanto lo siento! ¡Pobre!"

¿Qué respuesta elegirías? ¿Prima en ti responder antes que entender?

¿Cuál piensas que es la más adecuada?

Actitud de empatía

¿Qué es la empatía?

La empatía es la habilidad para reconocer, comprender, apreciar y ser consciente de los sentimientos, puntos de vista y actuaciones de los demás.

¿Cómo se puede demostrar una actitud de empatía?

Te comparto tres técnicas:

1. Utilizar frases para manifestar a las otras personas que estamos escuchando y entendiendo lo que nos están diciendo. *"Te entiendo"*... *"Ya veo"*... *"Entiendo lo que sientes"*... *"Noto que"*...

2. Emitir palabras de refuerzo o cumplido. Ello supone un halago para la otra persona, refuerza que estamos de acuerdo y comprendemos lo que nos acaba de decir. *"Tú eres la persona que mejor conoce esta materia"*.

3. Parafraseando lo que nos dice la otra persona. Con ello verificamos lo que el emisor acaba de decir. *"...entonces, lo que me dices es que el sistema no funciona correctamente, ¿es así?"*

Concentrarte en tu interlocutor

Existen varias formas de centrarte en tu interlocutor, y así demostrar interés y entusiasmo en la conversación. Te voy a detallar cómo hacerlo correcta e incorrectamente.

Lenguaje corporal centrado

- Mantener el contacto visual. Es muy importante aprender a escuchar con los ojos.

- Abre brazos y piernas.
- Relaja la postura corporal.
- Ponte frente a tu interlocutor.
- Asiente y sonríe.
- Inclínate ligeramente hacia tu interlocutor y evita invadir su espacio personal.

Lenguaje corporal descentrado

- Jugar con las llaves.
- Dar golpecitos con un bolígrafo.
- No mirar a la persona con la que estás hablando o estar pendiente de otras personas.
- Taparte la boca.
- Señalar con el dedo.

Lenguaje verbal centrado

- Interesado en seguir escuchando. *Por favor, cuéntame más. ¿Qué te pareció aquello?*
- Respondiendo de forma positiva. *¡Muy interesante!¡Qué buena idea! ¡Guau!*
- Sobre el futuro. *¿Cómo vais a seguir con todo ello? ¿Tenéis planes al respecto?*
- Sobre el pasado. *¿Cómo comenzaste?*
- Indagando. *¿Cómo lo lograste? ¿Qué piensas de...?*
- Aclarar. *¿Y qué opinas sobre ello?*
- Buscando coincidencias. *¿Te había sucedido alguna vez? ¿Es la primera vez que te pasa?*
- Buscando diferencias. *¿Qué hace vuestra competencia diferente? ¿En qué se diferencia de...?*

- Ampliando visión. *¿Qué pega podría tener? Y si fuera perfecto, ¿cómo sería?*
- Yendo a lo concreto. *¿Por ejemplo? ¿Podrías ponerme un ejemplo? ¿Cómo sería exactamente?*

Cómo cambiar de tema y seguir mostrando interés

- Estando presente en la conversación.

  — Eso recuerda a...

  — Al contarme xxxx me ha recordado a yyyy.

- Invitar al interlocutor a seguir la conversación.

  — Hay una pregunta que siempre he querido formular a alguien con tu éxito.

  — ¿Y os habéis planteado este otro tema?

Evita juzgar

Es muy difícil evitar pensamientos acerca de lo que nos está contando la otra persona. Te comparto unos tips que me ayudan a maximizar mi capacidad de escucha:

- Todas las personas libramos nuestra propia batalla cada día.
- Cada persona lo hace lo mejor que puede desde donde está.
- Acepto incondicionalmente a mi interlocutor.

Todo lo que se sale de estos *tips*, hace que pueda prejuzgar o juzgar, y puede condicionar mi escucha y mi percepción.

El ego es el enemigo

Cuando conversas con alguien, tu ego se convierte en tu enemigo. Quiere a toda costa ser el protagonista de la conversación.

En el proceso de escuchar, el ego te ayuda a:

- Interrumpir
- Leer la mente de nuestro interlocutor.
- Mostrar desacuerdo con la comunicación no verbal.
- Cambiar de tema.
- Estar pendiente de otros temas.
- Tratar con condescendencia.

La combinación de varios de estos puntos puede llegar a ser todo un desafío para cualquier interlocutor.

Decálogo para una escucha excelente

- Escucha con el cuerpo entero: ojos, oído y corazón.
- Sincroniza con tu interlocutor. Iguala sus gestos, expresiones de su cara y las características de su voz.
- Evita las distracciones internas y externas.
- Mantente presente.
- Mantén una actitud abierta.
- Ayuda al que habla: asiente con la cabeza o emite sonidos que indiquen compresión.
- Escucha con actitud imparcial.
- Deja terminar a la otra parte.
- Comprueba que has entendido lo importante.
- Si piensas que las preguntas directas pueden incomodar, realiza preguntas de forma indirecta.

Aprender a conversar

La diferencia entre la palabra adecuada y la casi correcta es la misma que entre el rayo y la luciérnaga.

Mark Twain

Iniciar una conversación

Tenemos la oportunidad de conversar más de diez veces cada día: en la cola de la gasolinera, en el bar donde solemos desayunar, con los compañeros de trabajo, cuando acudes a una reunión de trabajo, cuando comes con un cliente...

Aunque las situaciones pueden ser infinitas, eso no implica que para muchas personas sea fácil afrontar el hecho de conversar.

El objetivo de este apartado es ayudarte a mejorar tus habilidades para conversar, de tal forma que te sea más sencillo:

- Comenzar y mantener una conversación con cualquier persona.
- Saber manejarte en convenciones sociales, reuniones laborales...
- Cambiar de tema con suavidad.
- Detener una conversación con unas formas exquisitas.

Según las estadísticas, la situación social más temida por las personas es hablar en público. ¿Sabes cuál es la segunda más temida? Iniciar una conversación con una persona que no conocemos.

Vamos a escribirlo de forma que ampliemos visión. A la gran mayoría de las personas con las que podrías iniciar una conversación en cualquier situación, les impone muchísimo hablar contigo. Ello es debido, entre otras circunstancias, al temor al rechazo que la mayoría de las personas tenemos. Por tanto, te comparto varias reflexiones que podrían ser de ayuda:

- Si comienzas una conversación y no te hacen ni caso, probablemente no vuelvas a ver a esa persona.
- Si comienzas una conversación y eres capaz de mantenerla, habrás superado todo un reto y podrás estar muy orgulloso de ti mismo.
- Asume, siempre que puedas, la responsabilidad de iniciar la conversación.

La técnica para iniciar una conversación es muy sencilla:

- Selecciona a la persona accesible.
- Establece contacto visual.
- Sonríe
- Rompe el hielo.
- Dile tu nombre y utiliza el suyo siempre que te sea posible.

En cualquier evento, acontecimiento, reunión... siempre habrá, en algún momento, alguna persona que se encuentra sola o esté sentada sin compañía. Suele primar que elijamos evitar hacer el ridículo frente la posibilidad de conocer gente interesante. Como seres humanos, en general preferimos evitar el dolor a tener placer.

Así que, una vez que nos hemos decidido a obtener el placer de tener una buena conversación, y de esta forma empezar a conectar, lo primero que debemos hacer es poner el foco sobre las personas que puedan estar más perdidas.

El siguiente paso es establecer contacto visual y ser el primero en sonreír. Normalmente te sonreirán y conseguirás que la otra persona se relaje. Te recompensarán escuchando con atención lo que digas. De esa forma podrás romper el hielo.

¿Qué debo hacer para romper el hielo?

Muy sencillo. Construye una posible lista de preguntas para romper el hielo. Luego practica, dando respuesta a las preguntas de la lista porque podrían formularte alguna de las preguntas. Por tanto, este trabajo debes tenerlo realizado previamente. Es mejor haber practicado antes que tratar de improvisar.

Para que te sea más sencillo, te dejo una lista que puede servirte de ejemplo. Aunque algunas preguntas sean comunes a todas las personas, es conveniente que pongas las preguntas que más resuenen contigo.

Lista de preguntas para romper el hielo

- ¿Qué es lo que más te gusta de lo que haces?
- ¿Qué es lo que se supone que se suele hacer en un evento como este?
- ¿Cómo es un día normal en tu vida?
- ¿Cómo es un día normal en tu trabajo?

- ¿Cómo es un día normal en tus vacaciones?
- ¿Cómo se te ocurrió esa idea?
- ¿Cuál es tu experiencia laboral más importante?
- Exactamente, ¿qué hace tu empresa?
- ¿Qué os diferencia de vuestra competencia?
- ¿Qué te está pareciendo el evento?
- ¿Cuál podría ser el futuro próximo del sector?
- ¿Qué cambios han sucedido en el sector desde que empezaste?
- ¿Qué cosas son las más complicadas para un profesional de...?
- ¿Cuál es tu ciudad favorita? ¿Por qué?
- ¿Cuál es el origen de tu apellido?
- ¿Cuáles son los buenos propósitos para este año?
- ¿Cuál ha sido la comida más especial que has tenido alguna vez?
- ¿Qué es lo que sueles hacer cuando estás solo?
- ¿Qué es lo que la mayoría de la gente no se imaginaría de un profesional de...?
- Si tuvieras ese poder, ¿qué soluciones desarrollarías?

La importancia del nombre

Probablemente, la regla más importante de una buena conversación es aprenderte el nombre del interlocutor y a cuándo usarlo.

¿Sabes cuál es la palabra que más nos gusta oír? Nuestro nombre.

Cuando alguien dice nuestro nombre se agudizan los sentidos, las pupilas se dilatan y nuestra atención hacia esa persona aumenta. Nuestras neuronas espejo aumentan el flujo de señales, de forma que nos sincronizarnos con la otra persona porque cuando alguien se acuerda de nuestro nombre nos sentimos muy valorados e importantes.

En un proyecto de consultoría que realicé hace unos años, impartí una formación a un grupo de directivos de una empresa. En los días previos, me percaté que algunos de ellos desconocían los nombres de varios de sus colaboradores.

Al final de la formación repartí un pequeño cuestionario de cinco preguntas. Las cuatro primeras cuestiones versaban acerca de la temática impartida. La quinta pregunta era:

- ¿Cuál es el nombre de la mujer que limpia la oficina?

Una de las directivas, en tono altivo, preguntó si la última pregunta contaba para la nota.

Le respondí afirmativamente con rotundidad. Y añadí:

- Lideráis a personas. Todas merecen importancia, atención y cuidado.

Al día siguiente, todos los directivos sabían que el nombre de aquella mujer, a la que veían todos los días, era Consuelo.

Es muy importante que conozcamos todos y cada uno de los nombres de las personas con las que interactuamos. Le da un valor altísimo a nuestra relación personal y profesional con los demás.

Los tres pasos para ayudarnos a recordar el nombre de una persona y que este no vuelva a caer en el olvido son:

1. Plena atención

La mayoría de las personas estamos más centradas en evitar hacer el ridículo cuando nos presentan o nos presentamos a alguien.

A veces, cuando nos presentan, podemos estar nerviosos por lo que queremos decir después para causar una buena impresión, y esa es la causa de nuestra falta de atención.

Es importante mantener el foco en la persona que nos están presentando, sobre todo en el momento en que nos dicen su nombre. De esta forma sembraremos un posible futuro recuerdo. En caso contrario, nuestro cerebro no le dará importancia al dato y nunca lo almacenará como recuerdo a medio o largo plazo.

2. Asociación

Consiste en desarrollar una asociación entre el nombre de la persona y la situación inverosímil. Lo que conseguimos así es crear nuevas conexiones y reforzar rutas neuronales que nos asegurarán que encontremos el dato cuando lo necesitemos.

Vamos a poner un ejemplo. Imagina que te acaban de presentar en un evento a un hombre llamado Ramón. Ese nombre puede significar para ti mucho o poco, dependiendo de donde vivas o si conoces ya a alguien con ese nombre, etc. En este caso podríamos asociar a esta persona con *¡Dale, Ramón!,* la célebre canción infantil. De esta forma será difícil olvidar su nombre.

3. Repetir

Desde el momento que tenemos el dato, hay que tratar que se almacene correctamente. Aunque la técnica de repetición no sea la mejor para almacenar información, nos puede ayudar a hacerlo.

Lo importante es que el nombre poco a poco se vaya consolidando en nuestra base de datos.

Por otro lado, es igual de importante decir tu nombre cuando te encuentras con alguien, aunque pienses que debería recordarlo. Simplemente tómatelo como un acto de cortesía. Si había olvidado tu nombre, evitaste que se notara y le ayudaste para que se centrara en la conversación.

4. ¿Y qué puedo hacer si no recordamos un nombre?

En este caso, volver a preguntar su nombre con toda la humildad del mundo porque nos puede pasar a todos.

Por otro lado, te proponemos una idea que puedes desarrollar si te acompaña alguna persona. Si no recuerdas un nombre, cuando presentes a alguien primero, la otra persona debe preguntar por el nombre.

Ejemplo:

"Te presento a mi socia", y si no menciono el nombre de la persona, eso significa que no lo recuerdo. Entonces, mi socia sabe que debe preguntar: "Encantada, ¿cómo te llamas?".

Mantener la conversación

¿Has tenido alguna vez una gran conversación?

Muy posiblemente la recuerdas. Las grandes conversaciones están repletas de "pepitas de oro" que nos hacen sentirnos genial. Ello es debido a que esas "pepitas" producen dopamina. La dopamina es un neurotransmisor que se produce cuando sentimos placer. En una conversación nos ayuda a mantener una conversación, a recordarla y a que nos recuerden.

Te propongo varias formas en las que puedes producir dopamina durante una conversación:

1º Sé inesperado en las conversaciones

Normalmente usamos las mismas muletillas repetidamente. De esta forma, no hay riesgo. Pero si quieres ser memorable debes sorprender.

A continuación te sugiero que modifiques algunas preguntas típicas por otras "inesperadas". La idea es que vayas "fabricando" tu propio *kit* de soluciones conversacionales:

Ejemplos:

Convencional *¿Qué tal?*

Inesperado *¿Qué fue lo más extraordinario que te pasó hoy?*

Convencional *¿Estás muy liado?*

Inesperado *¿Qué sueles hacer para relajarte?*

Convencional *¿A qué te dedicas?*

Inesperado	*¿En qué proyecto personal estás trabajando?*
Convencional	*¿De dónde eres?*
Inesperado	*¿Cual es tu background?*
Convencional	*¿Cómo va la empresa?*
Inesperado	*¿Estás trabajando en algún proyecto excitante últimamente?*
Convencional	*Pues muy bien.*
Inesperado	*¿Te puedo hacer una pregunta nueva que estoy probando?*

2ª Encuentra temas de interés de cada persona

Otra de las formas de mantener una conversación es buscar temas actuales. En general pueden ser aficiones, actividades, temáticas variadas...

Encontramos temas de interés cuando nuestro interlocutor muestra alguno de los siguientes indicadores:

- Comienza a asentir y sonreír.
- Quiere escuchar más.

3º Haz que hable de sí mismo

Márcate el objetivo de que tu interlocutor hable de sí mismo. Lo que más nos gusta a las personas es hablar de nosotros mismos.

a) Te sugiero que utilices un *kit* de preguntas abiertas en las que muestres interés. *¿Qué fue lo que te llevó a...? ¿Qué te pareció...? ¿Cómo describirías...? ¿Cómo hiciste exactamente...?*

b) Intenta seguir indagando. *Kit* de preguntas de profundización: *¿Cuáles serán las tendencias en el futuro en esta área?*

¿Qué cambios ha habido en tu sector desde que comenzaste? ¿Qué harías si supieras que no vas a fallar? ¿Qué os diferencia de la competencia? ¿Cómo fue tu comienzo? ¿Cómo llegaste a esa conclusión? ¿Qué impacto puede tener la inteligencia artificial en tu sector?

Transmite confiabilidad

Causar una primera buena impresión

Nunca tendrás una segunda oportunidad para causar una segunda buena impresión.

Oscar Wilde

¿Has pensado alguna vez en la primera impresión que causas? ¿Piensas que es buena?

Los investigadores Ambady y Rosenthal, de la Universidad de Harvard, querían probar el poder de los juicios breves y rápidos, y para ello experimentaron con las percepciones que realizaban los alumnos sobre los profesores.

Ambady y Rosenthal mostraron a los alumnos vídeos sin sonido de diez segundos sobre profesores impartiendo formación. Los alumnos debían evaluar en quince apartados la eficacia de los profesores.

Después de los primeros resultados, los investigadores se preguntaron qué podría pasar si hacían el mismo experimento con vídeos más cortos. Realizaron el mismo experimento con vídeos de cinco segundos, y posteriormente con vídeos de dos segundos. Lo sorprendente es que la clasificación de los profesores en los tres casos era la misma.

La conclusión de estos experimentos es que hacemos juicios inmediatos en los dos primeros segundos que conocemos a alguien y, en general, solemos mantener esos juicios. Es decir, **decidimos si confiamos en alguien antes de escucharle.**

En todos estos experimentos, la segunda parte suele ser la más interesante. Los investigadores solicitaron a los alumnos que evaluaran a los mismos profesores después de asistir un semestre a clase. Los resultados eran prácticamente idénticos. Los profesores con altas calificaciones en los vídeos de dos segundos también tenían una clasificación alta de los alumnos que habían asistido un semestre.

Según Ambady y Rosenthal, solo se tardan dos segundos en convencer a alguien de que puede confiar en ti.

¿Te interesa saber cómo mejorar tu primera impresión?

Cuando conocemos a una persona, tratamos de dar respuesta a tres preguntas porque —recuerda— las primeras impresiones son un mecanismo de supervivencia.

1º ¿Es seguro para mí o es una amenaza?

Nuestro subconsciente comprueba si esa persona supone una amenaza o es cordial.

2º ¿Mentalidad ganadora o mentalidad de seguir?

La siguiente pregunta que nos hacemos es si es interesante seguir a esa persona o si simplemente es una persona que se limita a seguir.

3º ¿A favor o indiferente?

Por último, tu cerebro quiere averiguar si le caes bien o eres indiferente a esa persona.

Sabiendo que nos hacemos estas tres preguntas y que decidimos si confiamos en alguien antes de escucharle, ¿qué piensas? ¿Causar una primera buena impresión reside en lo que dices o en cómo lo dices?

Exactamente. En cómo lo dices. ¿Y cómo lo digo? Vamos por partes. Te propongo ir desbrozando cada una de las tres preguntas anteriores.

¿Es seguro para mí o es una amenaza?

En los tiempos del ser humano prehistórico, la manera óptima de determinar si una persona que no conocíamos era o no era una amenaza, consistía en saber si llevaba en las manos algún arma y la actitud de utilizarla o no.

Hoy en día, la primera clave para causar una primera buena impresión está en mantener las manos a la vista. ¿Qué debemos evitar? Todas aquellas situaciones que hacen que nuestro interlocutor no pueda ver nuestras manos. Por ejemplo, evita dejar las manos por debajo de la mesa, en los bolsillos o por detrás de la espalda.

Y dar un apretón de manos, ¿puede reforzar que demos una primera buena impresión?

Por supuesto que sí. Saludar mediante un apretón de manos muestra que eres seguro.

Cómo dar un apretón de manos correctamente

Nunca evites un apretón de manos. Cuando estrechas correctamente la mano de alguien, tu cuerpo produce oxitocina, la hormona de la conexión. Así que merece la pena asegurarse que se transmita lo que se desea.

El momento apropiado

El momento apropiado para darle un apretón de manos a alguien es:

- Cuando te presentas ante alguien.
- Cuando te despides de alguien.
- Al comenzar o finalizar una reunión de negocios, social, en la iglesia u otra.
- Cuando parezca apropiado dentro de un contexto. Por ejemplo, cuando se pacta o celebra un acuerdo.

Adelántate en extender la mano

Sé el primero en extender la mano. Esto dará una buena primera impresión que durará por mucho tiempo en la persona con quien tengas el apretón de manos. A su vez, al ofrecer tu mano primero, muestras que eres un guía.

Extiende tu mano derecha de manera firme

Extiende tu mano derecha de manera firme antes de dar un apretón de manos. Evita colocar la palma de tu mano hacia arriba o hacia abajo. Esta debe juntarse con la palma de la otra persona.

Apretón firme pero no fuerte

Toma la mano de la otra persona con un apretón firme, pero no fuerte. Asegúrate de que el espacio entre tu dedo pulgar y los otros dedos encajen con ese mismo espacio de la mano de la otra persona.

Mano perpendicular al suelo

Mantén tu mano de manera perpendicular al suelo y evita dar vueltas laterales con ella.

Agita la mano una vez o dos como máximo

Evita agitar demasiado la mano por que es irritante y distraería del propósito del saludo. Así que agita la mano una vez o dos como máximo.

Duración adecuada

Según los expertos, un apretón de manos normal dura alrededor de cinco segundos. Por tanto, no sujetes la mano por mucho tiempo. Si haces que dure más, podría volverse en tu contra.

Contacto visual

Cuando des un apretón de manos, realiza un contacto visual y expresa tu saludo habitual. De esa forma, transmites confianza.

Consejos y advertencias

Un apretón de manos puede interpretarse de varias maneras:

- Un apretón flojo de manos hará que crean que eres débil.

- Un apretón violento hará que crean que eres agresivo.

- Una agitación muy fuerte de las manos hará que las personas crean que eres inseguro o prepotente.

- Asegúrate de que tus manos no estén sudando o estén sucias. Una forma de evitarlo es frotar tus palmas contra tu pantalón o camiseta o un pañuelo. A su vez, has de tener cuidado de que pueda dejarte una mancha vergonzosa.

- Lávate las manos. A nadie le suele apetecer darte un apretón si tienes las manos sucias.

- Si le estás dando un apretón de manos a una persona mayor, evita apretar su mano con fuerza.

- Sé cortés si la persona no suelta tu mano. No hagas muecas o trates de soltarte. Es de mala educación retirar tu mano antes de que la otra persona haya terminado de darte un apretón de manos.

- No des un apretón de manos tan firme: algunas personas tienen manos frágiles o débiles.

- Evita dar un apretón flojo de manos. Este es un indicador de falta de interés y falta de confianza.

- No fuerces a alguien a que te dé un apretón de manos si se ve aterrorizado por eso o si lo ha rechazado. Este acto puede ser inapropiado en algunas culturas o podría ser una molestia para algunas personas por alguna razón. Así que solo sonríe y asiente con la cabeza a modo de reconocimiento de su situación o decisión.

¿Mentalidad ganadora o mentalidad de seguir?

El factor más importante cuando quieres ganarte la confianza de otra persona es mostrar una alta confianza en ti mismo.

Nos gustan las personas con mentalidad ganadora. Nos gusta asociarnos a personas que ganen. Por ello, en nuestros primeros segundos de interacción nos preguntamos si esa persona es o no es un ganador.

¿Y cómo sabemos instintivamente que una persona es ganador?

Hay un gesto universal que muestra que nos sentimos con poder: nos plantamos firmemente en el suelo, levantamos los brazos al cielo, abrimos el pecho, alzamos la cabeza y la mandíbula hacia lo alto.

Cuando nos sentimos débiles nos solemos hacer más pequeños y ocupamos menos espacio. En cambio, los ganadores suelen aprovechar todo el espacio del que puedan disponer.

¿Es posible que podamos, a través de un cambio en nuestra postura, mostrarnos como ganadores? ¿Podemos sentirnos más poderosos adoptando una pose poderosa?

Amy Cuddy, profesora en la Harvard Business School, psicóloga social especializada en el estudio de las emociones y la comunicación no verbal, desarrolla sus investigaciones acerca del *power posing* (postura de poder), en las que demostró que nuestra postura corporal genera cambios hormonales que afectan comportamiento y nuestra fisiología.

Los estudios de la Dra. Cuddy y su equipo demostraron que un cambio de postura induce un cambio general en nuestro sistema mente-cuerpo.

No obstante, la pose tradicional de un ganador puede ser un poco exagerada en las interacciones diarias. Sería algo extraño llegar a una reunión o a una entrevista de trabajo con esa pose poderosa. Por ello, te sugiero una postura similar algo menos agresiva.

- Mandíbula, pecho y cabeza ligeramente inclinados hacia arriba.
- Hombros abajo y hacia atrás.
- Manos a la vista.
- Mantener espacio entre los brazos y el tronco.

¿A favor o indiferente?

¿Cómo mostramos a los demás que les estamos prestando atención, que estamos a su favor, que somos aliados? A través del contacto visual.

Con el contacto visual enseñamos a los demás cómo nos sentimos, tanto física como emocionalmente. Mediante la mirada también podemos crear un vínculo más estrecho con la persona con la que estamos hablando, consiguiendo que esta se sienta más a gusto, o por el contrario, que se sienta amenazada.

El contacto visual es la clave que diferencia una primera buena impresión de una primera impresión genial. Contactar visualmente produce oxitocina, que es básica para establecer vínculos de confianza.

El contacto visual debe ser frecuente, pero no exagerado. Entre un 60 y 70 % del tiempo resulta muy positivo.

Un contacto visual pobre es la causa más importante para no conectar, porque hace que nuestro interlocutor piense que hay algo que falla. Cuando miramos a los ojos a la gente, mostramos que estamos presentes, atentos, y les damos aceptación e importancia.

Cuando hay varios interlocutores, es importante conectar visualmente con todos para tener un momento de conexión con cada persona. De esta forma, haces sentir que el mensaje está siendo dirigido a todos, de manera individual en cada caso, como si hablases con cada persona a la vez, a pesar de estar hablando ante un grupo.

A su vez, es importante que sepas que hay tres tipos de mirada.

- **Mirada de negocios**: aquella en la que miramos hacia un triángulo imaginario formado por la frente y los ojos de nuestro interlocutor.
- **Mirada social**: aquella en la que miramos entre los ojos y la boca de nuestro interlocutor. El clima creado es más agradable y de mayor apertura que en la mirada de negocios.
- **Mirada íntima**: aquella que miramos entre los ojos y el cuello de la otra persona. En esta mirada miramos mejilla, labios y cuello de la otra persona. Con esta mirada se transmiten emociones íntimas. Hay que tener cuidado para evitar malentendidos.

Y, ¿cómo hemos de mirar a los ojos al hacer *networking*?

Siempre usando la mirada profesional. Es conveniente, cuando hablemos, romper el contacto visual de vez en cuando. Y cuando escuchemos, debemos asentir mostrando que estamos prestando atención.

El contacto visual es fundamental para conectar con los demás y transmitir confianza y seguridad.

Similar atrae a similar

Hay estudios que muestran que confiamos más en las personas que nos resultan atractivas y que visten de forma similar a nosotros.

La buena noticia es que no es imprescindible ser atractivo o vestir de una manera determinada para conseguir ser más confiable.

Para ser más confiable puedes enfocarte en buscar las semejanzas posibles:

- Si alguien es semejante a nosotros tenemos mayores posibilidades de que se sientan atraídos por nosotros.
- Cuando coincidimos en alguna cuestión nos sentimos más certeros de nuestra opinión, autoafirmándonos.
- Es más sencillo que nos llevemos bien con aquellos que disfrutan con los mismos temas de conversación y las mismas actividades.
- Sin ser conscientes, buscamos constantemente motivos para pensar o decir: "Yo también" o "a mí también".

Cuando conocemos a una persona por primera vez, suele ser complicado comenzar una conversación. Ello es debido a que no la conoces de nada e inicialmente no tenemos puntos en común. A medida que vamos hablando, empezamos a encontrar puntos en común. De forma que cuantos más puntos en común salgan a la luz durante la charla, mayor será la conexión y, por tanto, más confiable serás.

Evolutivamente, la sensación de semejanza es muy potente porque nos permite diferenciar si alguien es una amenaza o no lo es.

Uno de los principales errores que hacen que no conectemos y seamos menos confiables es enfocarnos en las diferencias. Cuando no estés de acuerdo con alguien con quien estás interactuando, sé perseverante en encontrar intereses comunes y semejanzas.

¿Cómo encontrar semejanzas?

Puedes enfocarte en tres categorías:

- Intereses comunes:

Los temas que conocemos en común con nuestro interlocutor suponen un vasto terreno para que la conversación aumente su interés, para compartir anécdotas e historias. Por ejemplo: aficiones, películas, series, libros, música, deportes, hijos, miedos, etc.

¿Cómo puedes iniciar una conversación para encontrar o resaltar semejanzas en esta categoría?

Soy miembro de la asociación z, ¿desde cuando eres miembro tú?
Me encanta tu chaqueta, tu corbata, tu bolígrafo...
¿Has leído algún libro del autor?
He ido a varios conciertos de ellos; ¿desde cuándo les sigues?

- Personas:

Los personas conocidas en común son una gran forma de conectar. Por ejemplo, excompañeros y compañeros de trabajo, conocidos y amigos de la infancia o de estudios, padres de los amigos de nuestros hijos, etc.

¿Cómo puedes iniciar una conversación para encontrar o resaltar semejanzas en esta categoría?

¿Conoces al organizador?
¿Sabes? Tenemos un amigo común...
Estabas hablando con... Es muy amigo mío.

- Marco:

Hay muchos posibles terrenos comunes; por ejemplo: trabajo, sector, ciudad, evento, temas de actualidad, infancia, viajes, vacaciones, etc.

¿Cómo puedes iniciar una conversación para encontrar o resaltar semejanzas en esta categoría?

Es muy bonito este sitio, ¿verdad?
¿Vives en el vecindario?
¿Desde cuando eres miembro del club?

El ovillo de las similitudes

Suelo plantear este juego en muchos talleres de formación. Coloco a unas quince personas en forma de círculo y a una de ellas le entrego un ovillo de lana. Esta persona cuenta algo sobre ella mientras sostiene el ovillo. Cuando ha terminado de comunicar, lanza el ovillo a otra persona. La persona que recibe el ovillo debe formular una pregunta a quien se lo tiró. La pregunta ha de ser acerca de lo que la anterior persona ha contado. El juego finaliza cuando todas las personas han tenido el ovillo.

En este ejercicio, los participantes tienen varias revelaciones:

- Es divertido practicar indagando sobre similitudes.
- Se mantiene una atención plena al desconocer si te van a enviar el ovillo.
- Aprendemos a formular preguntas para encontrar semejanzas.
- Debemos prepararnos con distintas temáticas para establecer conversaciones más largas.

Técnica de los cinco "por qués" de Toyota

Otra forma de encontrar similitudes es aplicando la técnica de los cinco "por qués".

Sakichi Toyoda, fundador de Toyota Motor Company, creó la técnica de los cinco "por qués" para resolver problemas.

En nuestro caso, es una forma muy eficiente de encontrar similitudes. En cuanto encuentras una similitud, comienza a preguntar "por qué" y conseguirás una conversación más satisfactoria. Te detallo con un ejemplo:

— ¿Por qué decidiste venir a la firma del libro?

— Ha sido profesor mío y leí su primer libro. Ese libro me impactó.

— ¡Qué interesante! ¿Por qué te impactó?

— La primera vez que lo leí fue en una tarde. Creo que es muy creativo y certero.

— Certero... ¡Ummmm! ¿Por qué crees que es certero?

— Pienso que se ha adelantado a cosas que han pasado estos años. Por ejemplo, destaca la importancia que luego se ha puesto muy de moda.

— ¿Por qué piensas que es importante el *mentoring*?

— Yo de momento no tengo mentor, pero creo que todos necesitamos personas de confianza que colaboren con cada uno de nosotros en conseguir nuestros objetivos.

— Coincido plenamente. ¿Por qué no tienes un mentor?

Sé una persona colaboradora

¿Te acuerdas cuando te comentaba que el mandamiento del *networking*? Da valor primero y poner en el centro a las personas.

Una forma de conectar de forma más profunda, una vez encontradas similitudes, es brindar apoyo o ayuda.

Ejemplos:

- Si impartes formación en toda España, y si te parece bien, podría compartirte un listado de las gasolineras más baratas y los puntos kilométricos donde la relación calidad-precio es muy buena.

- Si vas a estar varios días en el pueblo, te podría mandar una relación de los mejores sitios para comer.

- Si vas a preparar esa oposición y te parece bien podría enviarte el contacto de dos preparadores muy buenos en esas temáticas.

- Si te gusta ese tema, puedo recomendarte varios libros.

Ganas de aprender de los demás

Emerson decía: "Todo el mundo es superior a mí, y en ese sentido he de aprender de todo el mundo". Si alguien comenta sobre una temática de la que tienes ganas de conocer más, puedes incrementar la conexión con esa persona comentando que quieres aprender más.

- ¿Has ido a cursos sobre estrés? Me gustaría saber más sobre ello.
- Veo que conoces mucho sobre storytelling. ¿Por dónde podría empezar en ese tema?
- Me gustaría conseguir entradas para el concierto. ¿Cómo sueles conseguirlas?

Céntrate en lo positivo de tu interlocutor y házselo saber

Habitualmente, cuando sentimos que alguien nos aprecia y ve lo mejor en nosotros, el aprecio suele ser mutuo. Los cumplidos que nos manifiestan estas personas incentivan nuestra simpatía hacia ellos.

En un estudio realizado a finales de los años setenta sobre este tema se llegó a las siguientes conclusiones:

- Nos gustan las personas que hacen comentarios positivos sobre nosotros.
- Aunque los halagos no sean ciertos, nos gusta aceptarlos.
- También solemos aceptar los cumplidos que nos hacen, aunque sepamos que la persona nos quiere solicitar algo.

Prueba aplicar el "efecto Franklin"

En el siglo XVIII, mientras Benjamin Franklin trabajaba en la legislatura, tenía que ganarse a un fuerte opositor político. La opción intuitiva sería humillarse. ¿Qué hizo Franklin para ganarse a esta persona?

Franklin era un gran lector, y a su vez era conocedor de que este adversario era poseedor de un libro muy raro. Franklin le escribió una misiva en la que le consultaba si podía prestarle el libro.

El político le respondió afirmativamente. Unos días después, Benjamín Franklin le devolvió el libro con una nota de agradecimiento.

Al volverse a encontrar en el Parlamento, este opositor conversó con Franklin (cosa que previamente no sucedía) con gran educación. A partir de ese momento, desarrollaron una amistad que perduró toda su vida.

La mente humana busca lógica y coherencia, y ante situaciones contradictorias el cerebro busca la justificación a través del reajuste del pensamiento para evitar de esta manera el malestar. La lógica es la siguiente: "Si le hago un favor a alguien es porque me agrada, luego esta persona debe agradarme porque le hice un favor".

¿Cómo puedo aplicar el efecto Franklin para ser más confiable?

Es sencillo. Comparte tu vulnerabilidad y admite tu debilidad pidiendo consejo. Esto te conectará con las otras personas.

- *Me gustaría cambiar de coche. ¿Qué tal funciona el tuyo?*
- *Tengo que escribir un libro. ¿Cómo conseguiste escribir el tuyo?*

- *Me gustaría participar en tu programa de radio. ¿Qué aspectos piensas que debo aprender para poder participar?*

- *Estoy en el paro. ¿Qué aspectos debo realizar y qué habilidades he de mejorar para mejorar mi empleabilidad?*

Preservar tu red de contactos

En 1930, un padre y su hijo adolescente, Paco, tuvieron un conflicto y su relación se rompió. Después de que el hijo huyera de la casa, el padre comenzó un largo viaje en busca de él. Finalmente, y como último recurso, puso un anuncio en el periódico local en Madrid, en el que decía: "Querido Paco, reúnete conmigo frente a la oficina del periódico mañana al mediodía. Todo está perdonado. Te quiero". A la mañana siguiente, frente a la oficina del periódico había ochocientos hombres llamados Paco, que deseaban restaurar una relación rota.

Ernest Hemingway

Hace algunas décadas, cuando comencé a trabajar, alguien muy experimentado me dio un consejo: "No enseñes a nadie. Si enseñas todo, luego pueden prescindir de ti". Realmente, nunca llegué a entender del todo ese consejo. Por un lado, porque siempre me he dedicado a trabajar con las personas y he observado, en mi caso, que cuanto más das más recibes. No obstante, nadie tiene la razón absoluta.

En las últimas décadas se ha estudiado y comprobado que las personas somos bastante diferentes en la cuestión de dar y recibir, en sobre cómo abordamos el concepto de reciprocidad.

La reciprocidad es un principio por el cual algunas personas sienten la necesidad de devolver a los que nos dieron primero.

Al principio del libro te hablábamos de qué se trata el *networking:* dar valor primero y poner en el centro a las personas. Por tanto, irás intuyendo que el *networking* tiene mucho que ver con la reciprocidad.

¿Cómo abordamos las personas la reciprocidad?

Adam Grant, en su libro *Dar y recibir*, nos resume que nos dividimos en tres clases de personas:

- Las personas con preferencia a dar: se centran en dar antes que en recibir. Piensan en el interés de los demás. Colaboran y ayudan en proyectos. Los donantes se esfuerzan en ser generosos, compartir su tiempo, energía, conocimientos, habilidades, ideas y relaciones con todo aquel que pueda beneficiarse de ello.
- Las personas con preferencia a recibir: se centran en recibir antes que en dar. Primero piensan en sus intereses. Creen que para alcanzar el éxito tienen que ser mejores que los demás. Los receptores son simplemente cautos y poseen un gran instinto de autoprotección.
- Las personas con preferencia para equilibrar: no es habitual que nos encontremos con personas que dan al 100 % ni con personas que reciben al 100 %. Por ello, hay otra forma de comportarse. La de aquellos que se esfuerzan por preservar el balance entre dar y recibir.

Por tanto, dar, recibir y equilibrar son los tres estilos fundamentales de la interacción social. Y aunque en algunas circunstancias nos comportamos como donantes —por ejemplo, cuando enseñamos a un nuevo compañero— y en otras como receptores —por ejemplo, negociando un aumento de salario—, todos tenemos un estilo de reciprocidad preponderante que puede llegar a ser tan importante en conseguir éxitos como el talento o trabajar duro.

Y, ¿quién tiene más éxito? ¿Los que dan, los que equilibran o los que reciben?

Las investigaciones demuestran que las personas con menos éxito son las personas que dan. En diversas profesiones, se puede ver que las personas menos productivas se dedican a ayudar a los demás, con el coste de descuidar sus tareas.

Lo más sorprendente —o tal vez no— es que entre las personas con más éxito no se encuentran las personas con perfil preponderante de recibir o perfil preponderante de equilibrar. ¿Y quiénes son? Son también las personas que dan. El dato es que en su mayoría, las personas más productivas y con más éxito se dedican a ayudar a los demás.

La diferencia entre estos dos tipos de donantes, los de más éxito y los de menos éxito, reside en la forma de encarar las propias metas. Unos descuidan las propias y los otros no, buscando a la vez la forma de ayudar a los demás.

Por otro lado, nos gustaría hacer mención al estudio al que posiblemente más tiempo se haya dedicado nunca: una investigación que actualmente dirige Robert Waldinger, que ha durado más de 80 años y que ha seguido la vida de 724 personas. Los investigadores contactaban a los participantes cada dos años para averiguar cuestiones sobre su salud mental y física, sus vidas profesionales y sus matrimonios. A su vez, se les realizaron exámenes médicos y entrevistas personales.

En toda está información los investigadores encontraron algunas respuestas muy interesantes acerca de dónde podemos encontrar la felicidad. La lección más importante de esta investigación es que lo que más importa es la calidad de tus relaciones. Las buenas interpersonales se vinculan con nuestra felicidad y salud. Al volver la vista atrás, las personas solemos manifestar que el tiempo que hemos pasado con otros era más significativo y es la parte de sus vidas de la que se sienten más orgullosos.

¿Y cómo podemos tener relaciones exitosas?

Hay varios puntos que debemos tener en cuenta:

Compartir un objetivo común

El primer cimiento para una relación de éxito es que ambas partes compartan un objetivo común. Los objetivos comunes puede ser de toda índole:

- *Disfrutar. Quedo con un amigo y lo importante es disfrutar. Y ambos lo conseguimos.*
- *Escribir un libro entre dos personas. Ambos tenemos claro el objetivo y colaboramos en todos los aspectos que el proyecto conlleva.*

¿Y cuando hay objetivos diferentes?

Pues generalmente se generan conflictos. Si mi objetivo es tener una relación a largo plazo, y el de la otra parte una transacción comercial, es bastante probable que se generen conflictos.

En este caso, para que no haya conflictos, es imprescindible la claridad. Cuando hay claridad sabemos a que atenernos.

Por ejemplo, tenemos que crear un servicio x. Uno de los dos se ocupa de los aspectos técnicos y el otro se ocupa de los aspectos comerciales. Ambos colaboran en todo lo restante. En este caso, hay un objetivo común y hay claridad.

Otro ejemplo: tu jefe te puentea para quedar bien con un cliente. En este caso, una parte piensa en quedar bien y la otra en dar servicio.

Para tratar de evitar todos estos conflictos siempre me sirvo de las reflexiones de Byron Katie. Ella comenta que hay tres tipos de asuntos: los míos, los tuyos y los de la vida.

¿Cuál es mi asunto? Encontrar claridad en el objetivo común y realizar la parte que tengo encomendada. Y si estoy ocupándome de los asuntos de mi compañero, ¿quién está en mis asuntos?

Transparencia proactiva

Cuando somos transparentes nos ganamos el respeto de los demás. La característica más relevante cuando se trata de conectar con alguien es la transparencia.

Por ejemplo, le haces un comentario a a tu socio: "Mañana no voy a estar disponible porque estaré impartiendo clases en Ciudad Real. A partir de las 19, si te parece bien, te llamo y comentamos".

Cuando hablamos de transparencia proactiva estamos hablando de respeto entre las partes. No nos estamos refiriendo a tener miedo o temores.

¿Cómo podemos aumentar nuestro nivel de transparencia proactiva?

Aprendiendo a dar y recibir *feedback* adelantándonos a los acontecimientos. De esta forma las demás personas tendrán la percepción de que somos muy transparentes.

Estar abiertos a confrontar

Una de las necesidades humanas básicas es la importancia. A veces podemos tener miedo a confrontar, porque podríamos dejar de ser importantes para la persona con la que confrontamos. Si queremos conectar de forma exitosa con otra persona, hemos de estar abiertos a confrontar.

Poder decir a la otra parte cómo te sientes, qué asuntos te han parecido bien o en qué estás en desacuerdo es uno de los pilares fundamental en toda relación poderosa.

¿Cómo se puede trabajar este cimiento?

En primer lugar con empatía. Poniéndonos en el lugar de la otra persona.

En segundo lugar, mejorar tu asertividad. Siempre es conveniente confrontar de forma asertiva. Las personas no nacemos entrenadas en asertividad. Por eso debemos entrenar y mejorar nuestra capacidad de ser asertivos.

En tercer lugar, aceptando a los demás como son, aceptándolos incondicionalmente. La aceptación incondicional es querer a alguien por quien es, con su forma de ser y estar en el mundo, sin querer amoldarlo a nuestro antojo.

Aceptar la responsabilidad

Aceptar la responsabilidad significa que tienes influencia en el mundo que te rodea.

Si quieres cimentar una relación, acepta tu responsabilidad.

Hay dos enemigos principales de aceptar la responsabilidad: las excusas y la resignación.

¿Qué son las excusas? Son una forma muy cómoda de justificar nuestra mediocridad, encontrando culpables para todo aquello que siempre ha estado bajo nuestro control.

Sobre las excusas se dice que hay cinco verdades:

- Si quieres encontrar una disculpa para justificar cualquier cosa, siempre la hallarás.
- Cuando empieces a utilizar una excusa siempre encontrarás aliados.
- Una vez utilizada la excusa, nada habrá cambiado.
- Tus amigos no las necesitan.
- Tus enemigos nunca las creerán.

La diferencia entre resignación y aceptación es que en la primera hay algo que no me gusta y creo que no puedo hacer nada para superarlo. En la aceptación hay algo que no me gusta, lo asumo y pienso que puedo hacer algo para cambiarlo.

Tips **para preservar tener relaciones exitosas con tu red de contactos**

Hemos visto que las personas más exitosas son las que dan, así como las que cultivan y preservan sus relaciones con sus contactos. Te compartimos algunos *tips* a tener en cuenta para "ser más feliz".

- Organiza tu agenda de *networking* con eficacia. Dedica tiempo cada semana a cultivar tus contactos, dedica tiempo a pensar y a ejecutar. Recuerda siempre cuál es tu propósito.

- Cuando hagas *networking* recuerda siempre que es más importante lo que puedes aportar que lo que puedes conseguir.

- Si alguien no te responde a las llamadas, dale su tiempo y su espacio. Evita ser invasivo. Dicen que todas las personas libramos nuestra propia batalla; sobre todo intenta entender.

- Evita hablar mal de alguien aunque te den ganas. Lo que hablas mal de otro, fácilmente lo puedes hablar de cualquiera y hasta de mí.

- Si algún contacto te comparte una información que no debe conocerse, mantén la discreción. Nadie tiene que saber por ti temas a los que no te han autorizado. Sé siempre confiable.

- Muestra a tus contactos que son importantes. Felicítales por sus cumpleaños. *Si no les suelo ver a menudo debido a que viven en otra ciudad, les suelo hacer una especie de cuenta atrás de su cumpleaños. Por ejemplo: envío un 27, si son los días que quedan para su cumpleaños. Una semana después le envío un 20. Y por supuesto, el día de su cumpleaños les felicito.*

- Aprovecha la tecnología para que te ayude a cultivar mejor tus contactos. Siempre es recomendable usar activamente la agenda del móvil. Además de cumpleaños, puedes registrar datos sobre tus contactos, a qué organización pertenece, dónde os conocisteis, a quién está vinculado, etc.

- Cuando estés con una persona, hazle saber que no existe nada más. Desconecta de todo lo que pueda interrumpir tu atención hacia ella. Escucha siempre para entender. Evita dar soluciones, salvo que te las pidan. A su vez, evita realizar juicios y mucho menos manifestárselos.

- Sorprende a algún amigo con un halago o diciéndole lo que piensas. *"Hola David, simplemente te he llamado porque hace tiempo que quería decirte que me pareces una persona íntegra, que me encanta ser tu amigo y que tú seas el mío. Me encantaría que mis hijos fueran amigos de los tuyos, si son como tú. Solo era eso. ¡Que tengas un maravilloso día! Un abrazo".*

- Cuando presentes a una persona, hazlo resaltando su principal cualidad.

- Aunque tengas gran facilidad para ser el centro en una reunión, evalúa si es momento y trata de escuchar más que hablar.

- Cuida la eficacia de tus contactos. Cuando envíes a alguno de tus contactos un email, evita que tenga más de 5 o 6 líneas y que no tenga que utilizar el scroll. (Es ese sencillo gesto que el usuario realiza cuando desliza el dedo por la pantalla o utiliza la rueda del ratón para subir o bajar mientras observa los contenidos de una página).

- Tómate tu tiempo para prepararte mentalmente para ir a cualquier evento, para cualquier reunión. Ello te ayudará a dar la mejor versión de ti mismo.

- Cuando tengas algún desencuentro con alguien, manifiéstalo, busca el momento adecuado y trabaja para decir las palabras adecuadas. Y por último, hazte la siguiente pregunta: ¿estoy actuando desde el amor o desde el miedo?

- Si te has equivocado con alguna persona, pídele perdón de corazón. *Y si te han ayudado, sé agradecido.*

- Si has de enfrentarte a alguien porque algo no te ha parecido bien, es conveniente que habléis. ¿Te merece la pena tener un contacto al que le tienes miedo? ¿O te merece la pena tener miedo a un contacto?

- Si tienes inseguridad en contactar con alguien, recuerda cuáles son tus cualidades y cómo puedes ayudar con ellas.

Epílogo

Querido lector, juntos hemos estado recorriendo un camino con el objetivo de que mejoremos el cultivo de las relaciones humanas. Nos gustaría decir un "hasta luego" con una fábula que resume muy bien lo transmitido en este libro.

En un oasis enclavado en mitad de una zona muy desértica, se encontraba de rodillas un hombre muy anciano, al pie de unas palmeras. Otro hombre se detuvo allí para dar de beber a sus caballos, observando cómo el anciano trabajaba de forma ardua.

- *"Hola", saludó el hombre al anciano. "¿Qué hace trabajando bajo este sol implacable?"*
- *"Siembro", contesto con una sonrisa el anciano.*
- *"¿Qué siembra?".*
- *"Dátiles"*
- *"¡Dátiles!", exclamó el hombre al anciano sorprendido y soltando una carcajada, como quien acaba de escuchar la mayor estupidez. "Parece que el calor le ha afectado el cerebro. Por favor, venga y deje esa tarea... Le convido a beber algo refrescante".*
- *"Aún no. Debo terminar la siembra. Luego, si quiere, podemos beber algo", respondió el anciano sin alterarse.*
- *"¿Cuántos años tiene?", preguntó el hombre al anciano.*
- *"Ochenta años. ¿Eso que importa?"*
- *"Me extraña que no sepa que las palmeras tardan más de cincuenta años en crecer y dar frutos. Usted sabe que nunca logrará cosechar el fruto de su arduo trabajo".*

— *"Durante mi vida he comido dátiles que otros sembraron, otros que también sabían que no llegarían a probarlos. Yo siembro hoy para que otros puedan comer dátiles mañana. Y aunque sea en honor a aquellos desconocidos que sembraron los que comí, vale la pena terminar mi tarea".*

Da valor primero y pon en el centro a las personas.

Bibliografía

Cruz, Camilo, (2009) *El Factor X*, Florida, Taller del Éxito.

Cuddy, Amy, (2016) *El poder de la presencia*, Madrid, Urano.

Domingo, Antonio (2019) *Networking*, Madrid, Anaya Multimedia.

Fernandez, Joaquina (2017) *Piensa en ti*, Madrid, Fuera de Colección.

Fernandez, Sonia (2011) *Dos grados:networking 3.0*, Lid Editorial.

Ferrazzi, Keith (2008) *Nunca comas solo*, Barcelona, Amat Editorial.

Fine, Debra (2008) *Saber qué decir*, Madrid, Editorial Planeta.

Grant, Adam (2014) *Dar y recibir*, Barcelona, Gestión 2000.

Jackson, Adam, (1995) *Los diez secretos de la abundante felicidad*, Sirio.

Kawasaki, Guy (2013) *El arte de cautivar*, Barcelona, Booket.

Littauer, Florence (1983) *Enriquezca su personalidad*, Medley, Unilit.

Manzanilla, Victor Hugo (2017) *Tu momento es ahora*, Nashville, Grupo Nelson.

Quintas, Cipri (2017) *El libro del networking*, Barcelona, Alienta Editorial.

Sinek, Simon (2013) *La clave es el porqué*, Barcelona, Editorial Península.

Sinek, Simon (2019) *Encuentra tu porqué*, Madrid, Empresa Activa.

Udauondo, Miguel, (2014) *Tú eres tu coach*, Madrid, Lid Editorial.

Van Edwards, Vanessa, (2019) *Cautivar*, Oberon.

Patrocinio

Este libro está patrocinado por ALIM CONSUL-
TORÍA.

Acompañamos a personas y profesionales en procesos de transformación, mediante procesos de
mentoring y programas formativos de capacitación
y transformación personal.

La mayoría de autónomos y empresas trabajan
demasiado y obtienen mínimos o nulos beneficios.
Son excelentes en su trabajo pero necesitan con-
sejeros en las decisiones del día a día en aspectos
como incrementar las ventas, minimizar los gastos,
organización general del negocio, motivación, productividad, capacitación, selección y fidelización
del personal, puesta al día a las novedades digitales
o adaptación y seguimiento legal.

Nuestra solución es ALIM Premium, el programa
de acompañamiento profesional diseñado para
organizaciones y autónomos. ¿Te gustaría saber en
qué consiste?

Puedes contactar con nosotros en el correo elec-
trónico.

alimpremium@alimconsul.com

EDITATUM

Libros para crecer

www.editatum.com

9 788418 121203